多文化コミュニティ
― 図書館サービスのためのガイドライン ―
第3版

Multicultural Communities:
Guidelines for Library Services, 3rd edition, 2009

国際図書館連盟多文化社会図書館サービス分科会　編
日本図書館協会多文化サービス委員会　訳・解説

日本図書館協会

Multicultural Communities: Guidelines for Library Services
3rd edition, 2009

Edited by the Section on Library Services to Multicultural Populations
International Federation of Library Associations and Institutions

多文化コミュニティ ： 図書館サービスのためのガイドライン（第3版） ／ 国際図書館連盟多文化社会図書館サービス分科会編 ； 日本図書館協会多文化サービス委員会訳・解説. － 東京 ： 日本図書館協会, 2012. － 71p ； 21cm. － Multicultural Communities: Guidelines for Library Services, 3rd edition, 2009 の翻訳. － ISBN978-4-8204-1118-5

t1. タブンカ　コミュニティ　a1. コクサイ　トショカン　レンメイ　a2. ニホン　トショカン　キョウカイ　s1. 図書館奉仕　①015

目次

まえがき 5

1 多文化図書館 ―――――――――――――――――― 7
   1.1 はじめに 7
   1.2 多文化図書館の原則 8
   1.3 多文化図書館の定義 10
   1.4 多文化図書館の役割と目的 11

2 法的制度と財政的枠組み ――――――――――――― 15
   2.1 多文化図書館とその管理 15
   2.2 多文化図書館の運営 16

3 利用者ニーズへの対応 ―――――――――――――― 18
   3.1 コミュニティ内のニーズ分析 18
   3.2 利用者へのサービス 21
   3.3 協力および資源共有 21
   3.4 電子資源 22
   3.5 多言語統合図書館システム 25

4 コレクションの構築 ――――――――――――――― 26
   4.1 はじめに 26
   4.2 コレクション管理方針 26
   4.3 資源の範囲 27
   4.4 多言語コレクションの構築と維持 30

4.5　書誌コントロール　　30
　4.6　コレクションに関する基準　　31
　4.7　新規受け入れ率　　32
　4.8　電子資源の提供　　33

5　人的資源 ──────────────────────── 37
　5.1　はじめに　　37
　5.2　図書館職員のスキル　　37

6　多文化図書館サービスのマーケティング，広報および促進 ──── 40

7　国際的に優れた実践例（ベスト・プラクティス）──────── 43

付録A　IFLA/UNESCO多文化図書館宣言　　56
付録B　多文化サービスの意義　　61

ガイドライン　解説　　63
あとがき　　68
索引　　69

まえがき

　このガイドラインは，国際図書館連盟（IFLA）『多文化コミュニティ：図書館サービスのためのガイドライン』の第3版となる。今回の改訂は，IFLA多文化社会図書館サービス分科会の「2006－2010年戦略計画」に従ったものである。ガイドラインの再検討と改訂にあたっては，提供するサービスとその方向性に影響を与えてきた新しい技術，専門的能力の開発および社会の発展を考慮に入れている。また，「2009－2010年戦略計画」では，改訂されたガイドラインをIFLAの公用語だけでなく，他の言語にも翻訳し，IFLAウェブサイトを通じて出版・普及することを明記している。

　第3版は，IFLA刊『多文化コミュニティ：図書館サービスのためのガイドライン』（第2版，1998年改訂）に続くものであるが，遡れば，ヴィクトリア州（オーストラリア）多文化図書館サービスに関するワーキンググループとヴィクトリア州図書館評議会が，1982年に出版した『多文化公共図書館サービス基準』に基づいている。アン・ホームズ（オーストラリア）とデレク・ホワイトヘッド（オーストラリア）は，IFLA多文化社会図書館サービス分科会常任委員会と協議して，1987年にガイドライン初版をまとめた。その後，電子媒体の発達や新しい情報伝達方法の導入により，初版のガイドラインを改訂する必要性が生じたため，ヴァージニア・バランス（カナダ）とマリー・ゼリンスカ（カナダ）が，1996年分科会常任委員会と相談の上，改訂に着手した。第2版最終稿の準備段階では，ベネディクト・クラウ＝シュヴァーツ（デンマーク）とチャールズ・タウンリー（アメリカ）が力を貸した。

　今回刊行したガイドラインは，多文化社会図書館サービス分科会常任委員会全員の長年にわたる集大成である。分科会ではガイドラインの改訂が，コミュニティ内の文化的・言語的に多様な構成員に対する図書館サービスを進める上で，重要な第一歩と位置づけており，図書館サービスに役立つものと

確信している。ガイドラインの構成は，2001年に出版された『理想の公共図書館サービスのために：IFLA/UNESCO ガイドライン』の構成と対応しており，図書館司書が両者を併用して使えるようになっている。しかし，ガイドラインは，「IFLA/UNESCO 多文化図書館宣言」（付録 A 参照）が述べているように，公共図書館だけでなくすべての図書館に適用可能である。

「館種に関係なく図書館は，国際レベル，国レベル，地域レベルで文化的・言語的多様性を反映させ，それを援助し，促進するとともに，クロスカルチュラルな対話と積極的な社会参加のために努めるべきである。」

ガイドラインを再検討するためのワーキンググループが，2004年8月 IFLA ブエノスアイレス大会で設立された。ロバート・ペステル（オーストラリア）が議長となり，クララ・M. チュウ（アメリカ），ドメニコ・チカレロ（イタリア），フレッド・ギトナー（アメリカ），クリスティン・マクドナルド（アメリカ）がグループに参加した。クララ・M. チュウおよびアン＝カトリン・ウールスベリ（スウェーデン），ルリーナ・K. デ・ヴート（オランダ）には，編集上の貴重な助言をしてくれたことに対して特にお礼を申し上げたい。常任委員会は，前任の議長であるジェーン・ドライシ（デンマーク），キルステン・レス・ニールセン（ノルウェー），そして現議長であるキム・ミジン（カナダ）の下，ミッドイヤー会議と年次総会の場——ローマ，オスロ，ジローナ，ソウル，リュブリアーナ，ダーバン，ハイデルベルグ，ケベックシティ，大阪——で，ガイドラインの草稿について協議を重ね，こうした国際的な共同作業によりガイドラインの新しい版が日の目を見たのである。

ロバート・ペステル

http://www.ifla.org/en/publications/multicultural-communities-guidelines-for-library-services-3rd-edition （ガイドライン全体）

http://www.ifla.org/files/library-services-to-multicultural-populations/publications/multicultural-communities-en.pdf （英語版のガイドライン）

1　多文化図書館

> 　世界には6,000以上もの異なる言語が存在し，私たちは皆，ますます多様化する社会に生きている。国際的な人口移動率は年ごとに上昇し，複合したアイデンティティを持つ人々が増大する結果をもたらすことになった。グローバリゼーション，移住の増加，高速化した通信，簡便な輸送手段などの21世紀のパワーは，多くの国——文化的多様性がこれまで存在しなかった国もあれば，既存の多文化性を増してきている国もある——で文化的多様性を増大させている。
>
> 　　　　　　　　　　　　　　（IFLA多文化図書館宣言　2008）

1.1　はじめに

　このガイドラインは，多文化コミュニティへの図書館サービスを公正かつ公平に進めていくために，編集・出版された。ガイドラインは

- コミュニティ内のすべての集団に向けて図書館サービスを立案する際の基盤を提供し，
- 既存の多文化サービスが十分かどうかを評価する判断基準を提供し，
- 資料の収集とサービスを公平に行う基盤を提供し，
- すべての社会に見られる文化的に多様な集団が，互いに理解し関与することを促す。

　このガイドラインは個別にではなく，各国の特定の館種を対象とした基準やガイドライン，および国際的基準と併用することを意図している。公共・学校・学術その他の図書館を対象とした既存の基準やガイドラインを適用する際には，このガイドラインの中心原則，つまり公平の原則が使われること

を強く求めるものである。

　多文化コミュニティに対する図書館サービスは，伝統的な図書館サービスとは別個のものとか，付け足しとしてではなく，図書館・情報サービス全般にとって欠かせないものと見なすべきである。

1.2　多文化図書館の原則

> 　グローバル社会では一人一人が，すべての図書館・情報サービスを受ける権利を持っている。文化的・言語的多様性に取り組むにあたって，図書館がすべきことは以下のとおりである。
> - その人が受け継いだ文化や言語によって差別することなく，コミュニティの全構成員にサービスする。
> - 利用者にとって適切な言語と文字で情報を提供する。
> - すべてのコミュニティとあらゆるニーズを反映した，幅広い資料やサービスを利用する手段を提供する。
> - コミュニティの多様性を反映した職員を採用し，協力して多様なコミュニティにサービスできるよう訓練を施す。
>
> 　文化的・言語的に多様な状況下での図書館・情報サービスには，あらゆる種類の図書館利用者に対するサービスの提供と，これまで十分なサービスを受けてこなかった文化的・言語的集団を特に対象とした図書館サービスの提供という両面がある。文化的に多様な社会の中で多くの場合取り残される集団，すなわち，マイノリティ，保護を求める人，難民，短期滞在許可資格の住民，移住労働者，先住民コミュニティに対しては特別な配慮が必要である。
>
> （IFLA多文化図書館宣言　2008）

　上記とは別に，これらの原則を適用する際に影響を与えるいくつかの要因がある。

- 多くの少数派言語の場合，出版される資源が少ないために，多数派言語と同じ基準で図書館資料を提供できない可能性がある。このような場合，範囲，バランス，コレクションの規模，物理的品質等において資料提供が不十分になることは避けられない。印刷物・マルチメディア・デジタルなど多様な形態での情報提供は，この不平等さを補う助けとなる。
- 多言語主義の程度，言語的アイデンティティあるいは文化的アイデンティティが保持されている度合い，および社会内の統合がどの段階にあるかは，多文化コミュニティに対するサービスの水準を決めるために，すべて重要な要素である。多文化集団の構成員が，二文化，多文化，あるいは多国籍であると自分を見なしたい場合，そのことは，公正で公平な図書館サービスの提供と考えられるものに影響を与える。
- 図書館サービスへの要求は，とりわけ重要な要因である。さまざまな理由により，要求は特定の多文化コミュニティでの人口比と一致するとは限らない。低い要求は不十分なサービス提供，貧弱で不適切なサービス，利用者の期待の低さ，不適切な広報，図書館サービスへの親しみのなさを反映しているかもしれない。サービス提供の水準を決定する際には，コミュニティ分析やニーズ評価が欠かせないが，そこにはなぜ要求がなかったり低かったりするのかの理由を調査することも含まれる。一方で，識字率の高い多文化コミュニティの人々は，図書館サービスに対して不釣合いな要求を行う場合があり，その要求を満たすにはサービス提供の公平性に抵触する場合も出てくる。そのようなときには，経済的な理由がサービス提供の水準を決めることになるだろう。
- その国の政府や地方公共団体の刊行物，たとえば政治・法律・教育・ビジネスにかかわる情報は，その国の公用語でのみ存在することが多い。それは不公平だと思われるだろうが，無理からぬ状況である。図書館職員は多文化集団が情報を得られるよう，要求される言語と理解できるレベルに応じて支援するというきわめて重要な役割を担うことができる。

1.3　多文化図書館の定義

> 　カナダに住むすべての人々は，一人一人を尊重した図書館・情報サービスを受けることができる。カナダの図書館は，地位，信念，人種，宗教，性別，年齢，性的指向，身体的・精神的能力，個人資産の状況にかかわらず，対象とする人々の尊厳を認めたサービスの提供に努める。
> 　差異を受け入れることにより個人の価値観と集合的な価値観が対立する可能性があることを，図書館は理解している。図書館は，寛容，理解，そして個人的な発見に全力を注ぐ。図書館は，人々が誰からも価値観，習慣，信仰を強要されず，自由にサービスを享受できるように活動する。
> 　カナダの図書館は，多様で多元的な社会がこの国のアイデンティティの中枢であると認識している。図書館を含む公的機関は，多様性と一体性を讃える文化に貢献する責任を持っているのである。
>
> 　　　　　　　　　　　　　　　　　　　（カナダ図書館協会　2008）

> 　「文化的多様性」あるいは「多文化主義」は，異なる文化の共生と交流にかかわるものである。「文化とは，特定の社会または社会集団に特有の，精神的，物質的，知的，感情的特徴をあわせたものであり，また，文化とは，芸術・文学だけではなく，生活様式，共生の方法，価値観，伝統および信仰も含むものである。」[1] 文化的多様性あるいは多文化主義は，地域社会およびグローバル社会における総合力の基盤である。
> 　文化的・言語的多様性は，人類共通の遺産であり，全人類の利益のために大切に保存しなければならない。それは，相互の交流，革新，創造，平和的共存の源である。「国際平和と安全保障実現のための最善策は，相互信頼と理解に基づいた文化的多様性，寛容，対話，協力の尊重である。」[2] したがって，館種に関係なく図書館は，国際レベル，国レベル，地域レベルで，文化的・言語的多様性を反映させ，それを援助し，促進するとともに，クロスカルチュラルな対話と積極的な社会参加のために努めるべきで

> ある。
>
> （IFLA 多文化図書館宣言　2008）

　図書館は，先住民，移民のコミュニティ，混在した文化的背景を持つ人々，多国籍者，ディアスポラ[3]，保護を求めている人，難民，短期滞在許可資格の住民，移住労働者，ナショナル・マイノリティ[4]など，そのコミュニティでの文化的に多様な集団に格別の注意を払う必要がある。

1.4　多文化図書館の役割と目的

> 　図書館は，さまざまな関心事と多様なコミュニティのために奉仕する機関であり，学習センター，文化センター，情報センターとしての役割を果たしている。文化的・言語的多様性に取り組む際には，文化的アイデンティティと文化の価値を尊重しつつ，基本的自由の原則，すべての人が情報や知識に公平にアクセスできるという原則を守ることが，図書館サービスの基本である。
>
> （IFLA 多文化図書館宣言　2008）

> 　レナ決議[5]は，「図書館，博物館，文書館に対して，多言語情報の保存や利用，および文化的・言語的多様性にかかわる情報の普及に対する取り組みを強める」よう求めている。（「サイバースペースにおける言語的文化的多様性に関する国際会議」ロシア共和国連邦ヤクーツク市，2008）

　図書館は館種を問わず，教育，社会的関与，国際理解において重要な役割を担っている。図書館がサービス対象とする住民のニーズを反映したサービスは，人々の生活に大きな影響を与える。
- **学習センターとして**：図書館は生涯学習のために，学習教材，言語プログラム，その他関連資料を適切な形態で提供し，利用を促す。それらを

提供することにより，社会全体が教育的ニーズ全般を支援する機会を持ち，お互いのコミュニティについて学び，相互の言語的ニーズを理解し，双方の言語を学び，異なる文化を経験することで豊かな知識を得る。
- **文化センターとして**：図書館は，文化遺産・伝統・文学・芸術・音楽などの異なる文化を保存・普及し，スポットライトを当て，そして発言権を与える。これにより，すべての文化的背景を持つ人々が，さまざまな形態の文化的な表現を体験し，学ぶことが可能となる。
- **情報センターとして**：図書館は，情報を収集・生産・組織・保存することにより，すべてのコミュニティのニーズに対応する情報を利用しやすくしているだけでなく，文化的に多様なコミュニティに関する情報も発信している。

1.4.1　図書館は資料を収集する際，社会の多文化的な構成を資料に反映させること，および文化的多様性の理解や人種間の調和と平等を発展させることを目指すべきである。
- 図書館が収集する資料は，文化的に多様な利用者自身の言語で他の文化にアクセスできるものでなければならない。
- 文化的に多様なコミュニティとその文化遺産に関連した図書館資料には，その社会の多数派の言語で書かれた資料を含むものとする。
- 図書館は，多文化集団とその文化についての知識を普及する。

1.4.2　図書館は，特に自己学習している学生に対して言語学習を促進し，その要求に応えていかなければならない。また，最も望ましいサービスが提供されるように，地元の教育機関，口承言語のコミュニティと緊密な連携をとる必要がある。
- 図書館は，その国の言語と他の言語の学習を促進する資源を提供する。そのような資源は，その国の言語だけでなく，継承語あるいは先住民言語でも書かれていなければならない。また，すべての適切なメディア，特に識字と言語のソフトウェアを搭載したコンピュータが利用できることが望ましい。口承言語の場合には，そのコミュニティ出身の話し手が

中心人物としてかかわることを薦める。
- 図書館は，新たにやってきた移民がその国に適応できるように，市民権・雇用・社会福祉のようなテーマについて活動を促し，支援する。
- 図書館は，その国の言語や他の言語を学ぼうとする人たちのための活動を実施・促進・支援する。
- 図書館は，多文化コミュニティおよび先住民コミュニティのニーズに合った，口承言語，先住民言語，あまり使われなくなった言語の保存と促進に参加する。

1.4.3 　図書館は，文化的多様性を称賛し育むようなコミュニティ教育，訓練プログラム，また公開プログラム活動を通じて，生涯教育や社会的関与を促進していくべきである。

1.4.4 　図書館は，コミュニティの生活と福祉に関与することが求められる。これには，住民が自ら決定した目標を目指すための情報を多文化コミュニティに提供したり，その地域での多文化集団の文化活動，祭り，記念行事のような地元の行事に関与したり，そこで指導力を発揮したりすることも含まれる。

1.4.5 　図書館は，多文化コミュニティを一つにまとめる必要がある。出会いの場として，図書館はさまざまな文化的背景を持つ人々の交流の場を形作ることができる。文化的問題と社会参加についての行事や展覧会および合同会議は，さまざまな文化的背景を持つ人々に，互いに学びあい，言語能力を磨き，互いの生活やものの見方を理解し，新しい友情が芽生える機会を与えることになるだろう。

1.4.6 　図書館は，やって来たばかりの移民のようなニーズの高い集団に対して，その集団で最も共通に使われている言語で，レファレンスサービスを提供する必要がある。日々の決断を行うために必要なデータを含むコミュニティの情報は，可能であるならば，利用者の言語で提供していくことが望ましい。

1.4.7 　図書館間相互貸借および特定のタイトルや主題を求める人々に対し

1　多文化図書館 ── 13

て，すべての言語で，またすべての多文化集団のために，同規模・同質の
サービスを提供しなければならない。

訳注・参考文献

1) UNESCO Universal Declaration on Cultural Diversity, 2001. （「文化的多様性に関する世界宣言仮訳）」） http://www.mext.go.jp/b_menu/shingi/bunka/gijiroku/019/04120201/001/008.htm （参照　2012-01-31）
2) 同上
3) ディアスポラ（diaspora）：元の居住地を離れて別の国や地域で暮らす集団またはコミュニティをいう。本文では，diasporic individuals となっている。
4) ナショナル・マイノリティ（national minorities）：これはマジョリティ集団とは異なる文化的・言語的アイデンティティを持ち，長期にわたり定住している集団を指す（たとえば，フィンランドのスウェーデン人）。
5) レナ決議（Lena Resolution）：「サイバースペースにおける言語的文化的多様性に関する国際会議」で出された決議　http://portal.unesco.org/ci/en/files/27519/122181693091ena_resolution_en.pdf/lena_resolution_en.pdf（参照　2011-01-31）

2 法的制度と財政的枠組み

> すべての人は，自分の民族や民族的コミュニティへの帰属を自由に表現し，自分自身の文化を育み，表現し，自分自身の言葉や文字を用いる権利がある。
>
> （スロベニア共和国憲法　61条）

> 文化的に多様なコミュニティに図書館・情報サービスを無料で提供するために，政府と他の関係する政策決定機関は，図書館や図書館システムを確立し，十分な財政措置を行うことが求められる。
>
> 　多文化図書館のサービスは本質的にグローバルである。この分野の活動にかかわるすべての図書館は，政策を展開する際，地域ネットワーク，全国ネットワーク，国際ネットワークに参加しなければならない。十分な情報に基づいてサービス方針を決定し，適切な財源を確保するには，基になるデータを得るための調査が必要である。調査結果および最良の実践例（ベスト・プラクティス）は，効果的な多文化図書館サービスの指針とするために，広く普及させることが重要である。
>
> （IFLA 多文化図書館宣言　2008）

2.1　多文化図書館とその管理

2.1.1　　図書館のための資金調達と図書館サービスの提供は，国・リージョン[1)]・プロヴィンス・州・市町村など名称は何であれ，行政が担う機能である。

2.1.2　　多文化コミュニティのニーズを満たすことは，公共・州・国・学校・

学術，その他何であれ，図書館当局の責任である。図書館サービスを効果的に提供するために，コミュニティの多様性，人口規模，ばらつきの程度に応じて，異なったモデルを使うこともある。

2.1.3 すべての文化的・言語的に多様なコミュニティに，同じ水準の図書館サービスを提供しなければならない。そして，公共図書館・学術図書館・学校図書館の場合，小規模で広い範囲に散在するマイノリティが適切にサービスを受けられるよう，すべての行政レベルで保障していく取り組みが必要となる。たとえば貸出しコレクションの集中化，あるいは他の図書館・文化施設・コミュニティ組織と共同してサービスを提供するような協力ネットワークの形成が挙げられる。

2.1.4 多言語コレクションを集中し，そこから図書館が資料を借りたり，コレクションの更新ができたりすることは，サービスを受けるマイノリティの人口が少なく，分散したり変化していたり，あるいは特定の言語に対する要求が小さい場合には，実行可能な選択肢の一つである。それは一般的に国か州の責任で運営されるか，あるいは複数の図書館による協力ネットワークとして運営されることもある。

2.2 多文化図書館の運営

図書館は，優れた実践（ベスト・プラクティス）につながるように，以下に挙げた分野――それだけに限定されないが――について運営機能を果たさなければならない。

2.2.1 全般的な図書館基準を展開する一環として，集中サービスと地域サービスの両方について，多文化コミュニティへの図書館サービスの基準を決定する。

2.2.2 多文化と社会参加の原則を正しく反映した公平な図書館サービス基準，および図書館サービスの原則と政策を促進する。

2.2.3 このガイドラインおよび他の基準を適用するために，関連する統計

類を収集し，発信する。

2.2.4 全館種の図書館がすでに所蔵する多文化コミュニティのためのコレクションに関する情報をまとめ，伝達する。

2.2.5 多文化コミュニティに対するサービスについて，図書館への助言や相談業務を実施する。

2.2.6 多文化コミュニティとの定期的な協議のためのフォーラムを設定する。

2.2.7 多文化コミュニティ構成員の将来的ニーズや図書館利用の調査を実施し，援助する。

2.2.8 多文化集団の出身国と出身コミュニティの図書館，出版社ならびに他の関連機関との専門的・国際的な意見交換の場を維持し，発展させる。

2.2.9 継承語での出版，および多文化集団の構成員が書いた資料，あるいは，その人たちに関する資料の出版を支援し，奨励する。

2.2.10 資料のオンラインデータベースを発展させ，ローマ字以外の文字や発音区別符が含まれるデータを交換するための国際的な基準を普及し，実行する。

2.2.11 多文化問題についての経験と優れた実践を世界規模で交換する。

2.2.12 多文化コミュニティと協議の上で，ガイドライン，基準，優れた実践，政策の適用を評価する。

訳注

1) リージョン（region）：ここでは行政単位としての意味。

3 利用者ニーズへの対応

3.1 コミュニティ内のニーズ分析

多文化図書館サービスは，サービス対象である文化的に多様なコミュニティと彼らのニーズについての知識に基づかなければならない。こうしたデータは，多文化サービスが思い込みや善かれという思いで，開発・提供されるものではないことを証明するだろう。これらのデータはコミュニティ分析やニーズ評価を行うことにより得られる。

a. 定義

コミュニティ分析 － 利用者コミュニティ（図書館利用の有無にかかわらず）の特徴と生活環境を確認し，図書館・情報サービスへのニーズを評価する過程。

ニーズ評価 － コミュニティで求められ利用される情報，およびその入手可能性（図書館利用の有無にかかわらず）を研究する過程。

b. 目的

- コミュニティ（図書館利用の有無にかかわらず）が，図書館とそのサービスをどのように考えているのか知ること。
- 現在の図書館サービスとコミュニティのニーズとの間に存在するかもしれないギャップと，別のサービスによって満たされている領域を確認すること。
- 短期的・長期的に，コミュニティのニーズを満たすサービスを効果的に企画するための情報を提供すること。

コミュニティ分析およびニーズ評価は，サービス計画を立てる際の重要な側面である。コミュニティの実地調査結果とニーズ研究は以下のように用いられる。
- その機関の達成目標に盛り込む。
- 調査結果に基づいて，達成目標を特定の政策やプログラムおよび活動に置き換える。
- 調査データを将来の進捗状況を測る評価基準として利用する。

c. コミュニティ分析
コミュニティについて収集すべきデータと情報
- 人口統計データと社会経済的データ
- 図書館が受け持つ区域内のコミュニティ環境の特徴
    - 一般的な環境
    - 情報サービスプロバイダーが提供する情報環境
    - 既存の図書館資源とサービス

収集すべきデータの種類
- 第1 － 個人，コミュニティグループ，またはグループのリーダから
- 第2 － 政府機関，経済・産業調査，マーケティング研究，地元商工会議所，地元の団体によりすでに集められ，記録されているデータ

d. ニーズ評価
図書館利用者／未利用者に関して収集すべきデータと情報
- 情報探索過程の文化的・行動的側面
- 情報ニーズ，たとえば，情報の種類，複雑さの度合い，形態，言語，目的
- 利用者の情報環境

収集すべきデータの種類
- 第1 － 個人，コミュニティグループ，またはグループのリーダから

- 第2－ 類似した集団のニーズ評価，特定の利用者集団の情報探索過程の文化的・行動的側面の研究

コミュニティニーズの評価例
公共図書館の協議過程

　協議の過程が非常に重要である。サービス提供者と，サービスを提供される相手とのコミュニケーションに価値を認めることが，協議の原則である。

　協議は，地方自治体レベルで，多文化コミュニティへのサービス提供にかかわる区域内にあるすべての地域が共同して開始される。地方自治体は，アクセスと平等の原則をサービス計画や共同運用に統合する取り組みを展開するとともに，文書に記録することが望ましい。文書は，地方自治体内で責任を持つ分野にとって指針となる。

　初期段階で協力することによりサービスの重複が減り，情報収集，サービス計画，およびプログラムの実行において，パートナーシップの機会が見つかる。また，コミュニティで活動する団体についてのより深い知識とその団体に近づく手段を持って，図書館サービスを提供することになる。

　コミュニティ団体との対話は，図書館サービスを設計・計画する過程でできる限り早く――特にコレクションの構築とプログラム提供に関して――模索しなければならない。地元コミュニティの各種団体とかかわることは，以下のような最善の機会を提供する。

- サービスを受ける集団を正確に把握する
- 地元レベルにおいて，言語的・文化的多様性によるニーズと優先順位を確認する
- 新しいプログラムおよび既存のプログラムを宣伝する機会を提供する

州政府機関レベル（中心となる図書館関係団体による）での協力は，財政的な機会，資源共有，より広範囲な運営委員会への参加に関する情報を

得るという点で大いに有益であり，また同様に州政府レベルでの政策展開に参加する機会を提供することになる。
出典：ヴィクトリア州図書館理事会：多様性への対応．ヴィクトリア州公共図書館多文化図書館サービスガイドライン．オーストラリア，メルボルン，2001

3.2　利用者へのサービス

下記の機能は，各図書館と図書館当局にとってふさわしい活動である。
- 各図書館は，多文化コミュニティへのサービスに関連する目標，目的，戦略，優先順位，政策を明確に述べなければならない。これは，図書館発展計画に不可欠な部分である。このような地元の多文化サービス計画は，図書館職員への手引きや利用者への説明としての役割を果たすだろう。
- 各図書館は，社会的包摂[1]（ソーシャル・インクルージョン）とサービス提供の公平性に対する明確な姿勢を政策に採用しなければならない。
- 個々の図書館サービスは，多文化コミュニティの構成員と協議の上で，コミュニティの特質とニーズとを継続的に評価し，その評価と協議に基づいたサービスを行う必要がある。
- 評議員会，図書館協議会のような図書館の運営組織や諮問機関のメンバー構成は，図書館がサービスするコミュニティの構成を反映していなければならない。図書館の管理者は，このような代表団体の導入あるいは設立を奨励する機会を求めるべきである。

3.3　協力および資源共有

多くの中小規模図書館では，多文化コミュニティのニーズを平等に満足させることは難しい。国の多数派からの高い要求と限られた財源により，多文化集団のニーズはしばしば損なわれる。これはコミュニティが，多数の多文

化コミュニティから構成される地域にあてはまる。収集・目録・資源提供での協力は，資源の範囲を拡大し，入手可能性を高めるために欠かせない手段と見なされる。市町村・地方・国が協力した取り組みは，資源利用の質を大いに高めることができる。

　大規模図書館の施設とサービスは，多文化資源の提供と業務上の助言を与える役割に集中化させるという道を採ることもある。小規模な図書館が貸出し用資料を借りたり，交換したりできる集中化されたコレクションを準備することは，多様なコミュニティのニーズを満たすための実行可能で，費用対効果の高いモデルである。集中化された資料購入・目録作成処理は，多くの目に見える成果を得ている。

- 活動の重複が避けられる。
- 別の言語で書かれた資源の収集に関して，小規模の図書館が経験する多くの困難が取り除かれる。
- より広範囲で内容の深い資料が提供できる。
- 図書や他のメディアの交換を通じて，地元の図書館資料が継続的に更新される。
- すべての図書館で利用される総合目録が提供できる。
- 効果的な図書館間相互貸借システムが構築できる。

　広報宣伝やマーケティングは，協力活動にすぐに役立つ2つの分野である。多言語図書館情報パンフレットやサインを協力して作成すれば，一つのものから多くの図書館が恩恵を受ける。

3.4　電子資源

多言語・多文化資源へのアクセスと展開

　インターネットはグローバル・コミュニケーションに大きな変革を起こしてきており，オンラインで情報にアクセスするすべての利用者に欠かせないリンクを提供している。コンピュータの多言語処理能力のおかげで，多文化

コミュニティは読書・コミュニケーション・情報に，自分たち自身の言葉でアクセスできるようになった。これは限られた印刷媒体の出版物しかない言語の話し手にとっては，大変重要なことである。以前はアクセスできなかった民話・伝統音楽・全世界からの新聞記事，また地球規模での多文化集団から受け継がれた口承遺産に接することなど，新しい全分野の資源に門戸が開かれた。最も重要なことは，あらゆる文化的背景を持った人々に，情報発信者にも受信者にもなれる機会を提供しているということである。

　ウェブ 2.0 はライブラリ 2.0 環境に貢献し続けている。そこでは利用者は自分自身の一次資料のウェブコンテンツを作って他の人と共有し，自分たち自身のコミュニティのニーズを満たす資源へのアクセス手段を開発し，またソーシャルネットワーキング（これはしばしばウェブ 3.0 として言及されている）にかかわることができる。これは，自分たち自身の言語による印刷物や視聴覚資源，あるいはウェブコンテンツが不足している多文化コミュニティに，また同様に地理的に分散したコミュニティにも，特に関連性がある。ニーズを満たすために，ウェブ 2.0 を活用したりカスタマイズしたりして，自分たちのウェブコンテンツを作成しようとする個人やコミュニティにとって，図書館は理想的な環境を提供する。図書館は，コミュニティにハードウェアやソフトウェア，訓練の場を提供することにより，これらの技術の利用を促進することができる。以下のような技術の実例がある。

- ソーシャルコンテンツ：ブログやウィキにより，個人と多文化コミュニティの構成員が，地域規模あるいは国際的規模で，共通の関心事にかかわる情報・ニュース・写真・トピックを作り出し，発信することが可能になる。
- ソーシャルネットワーキング：たとえば，フェイスブック（世界共通），Hyves（オランダ），Odnoklassniki（ロシア），Orkut（インドおよびブラジル），Xiaonei（中国）。
  参照：http://wikipedia.org/wiki/List_of_social_networking_websites
- デジタルイメージの共有：たとえば，

Flickr（http://www.flickr.com/）

YouTube（http://www.youtube.com/）

- ソーシャルブックマーク／ソーシャルアノテーション：インターネットを活用した資源の連携と共有が可能になる。コミュニティは，自分たち固有のニーズ――たとえば，特定の言語で書かれた資源――を満たすオンライン資源の仮想データベースを構築することができる。利用者はURLや引用，時にはウェブや他のデジタルコンテンツ上のどのページでも個人用のコピーを保存することもできる。そして自分自身あるいは他の人と共有したキーワードを使って情報にタグ付けすることもできる。たとえば，

    Delicious（http://delicious.com/）

    Connotea（http://www.connotea.com/）

- Webフィード：たとえばRSS（Really Simple Syndication）は，関心や関連のある情報を収集するための検索方法をカスタマイズすることで，多文化集団が彼らの言葉で，ニーズに合わせて簡単にウェブサイトにアクセスできるようセットアップすることができる。

- ユーザー主導型ソーシャルコンテンツ：コミュニティが管理するニュースサイト　例：digg（http://digg.com/）

- アグリゲーターとタギング：たとえば，technocrati.com（http://technocrati.com）。特にソーシャルネットワークにディスクリプタ（タグ）を付与する際の手引きを提供することで，図書館司書は，利用者がオンラインコミュニティを構築するのを手助けできるという理想的な立場にいる。

オンラインコミュニケーション

　図書館司書と利用者，そしてコミュニティの構成員同士のコミュニケーションを容易にする新たな技術が，絶え間なく開発されている。テキストメッセージング――一般的にSMS（Short Message Service）と呼ばれているものであるが――は特に，短い文章を図書館利用者に送るのに役立ち，言語的に多

様な背景を持つ人々にとって，口頭のコミュニケーションより簡単に理解してもらえる。ビデオチャット，インターネットを介した音声のやり取り（VoIP：Voice over Internet Protocol），その他のインターネット技術は，テキスト以外でのコミュニケーションを可能にする。それらは，文字を持たないコミュニティでのコミュニケーションを援助し，強化するのに役立つ。音楽・歌・ビデオ・語学学習・さまざまな言語でのストーリーテリングの録音をポッドキャスト[2]することは，すべて図書館のオンラインでの役割に貢献するものである。

3.5　多言語統合図書館システム

　ユニコードとは，世界中の文字と記号を，コンピュータで常に表現し，操作することができるように考案された国際規格である（ウィキペディアの定義）。ユニコードは，すべての主要なオペレーティングシステム，サーチエンジン，アプリケーション，ウェブといったソフトウェアの国際化のための基礎を形作っている。このことは多様な文字体系を取り扱うことのできる図書館情報管理システムの発展を容易にする。図書館は，統合図書館システムとソフトウェアを導入するとき，すべてのコレクションに対して多言語でのアクセスに対処できるよう，そのシステムがユニコード対応かどうかを確認し，利用者がどのような言語でも図書館のコンピュータサービスを利用できるようにする必要がある。

訳注
1) 社会的包摂（social inclusion）：社会的に弱い立場にある人々を孤立させず，社会の一員として包み支え合うという理念。
2) ポッドキャスト（podcast）：インターネット上に音声や動画のデータファイルを公開し，ダウンロード可能にする。

4 コレクションの構築

4.1 はじめに

> 　特定の文化集団のニーズを満たすとされる資源は，媒体と内容の点で異なっており，インターネットでアクセスできる新聞・定期刊行物・視聴覚資料・字幕つき DVD・物語本・雑誌・ペーパーバックの軽い読み物・漫画から，伝統的なフィクションとノンフィクションの本まで幅広い分野にまたがる。すべての年代と関心を満足させる必要があり，文化的感受性，たとえば宗教的・政治的性質などを念頭に置いておく必要がある。コミュニティ調査は，好まれる媒体や主題（個々のタイトルというより）を調査し，コレクション構築の優先度を決めるために行う必要がある。集まった情報は，多文化コミュニティのニーズに応えるコレクション構築方針に組み込まれる。利害が対立する可能性のある事柄に対処する際，バランスをとるために特別な配慮がなされるべきである。機会あるごとにコミュニティ内の対象集団に，個々の言語コレクションを普及し，資源の効果的な利用を図る必要がある。
>
> 出典：ヴィクトリア州図書館理事会：多様性への対応．ヴィクトリア州公共図書館多文化図書館サービスガイドライン．オーストラリア，メルボルン，2001

4.2 コレクション管理方針

　多言語・多文化資源のコレクション管理方針は，図書館全体のコレクション管理方針に欠かせないものである。方針の内容は，多文化コミュニティとの協議によって推進され，以下の項目を含むことになるだろう。

一般的事項：
- コレクション管理方針の目的と図書館サービス経営計画との関係性
- 人口動態からみたコミュニティの概要
- 多言語・多文化資源のコレクションに関して，図書館が達成を目指している長期的・短期的目標
- コレクションの利用を最大限にするアクセス戦略
- コレクションの歴史および／または図書館サービスの歴史
- 多言語・多文化資源の提供に影響を与える関連法あるいは政策の識別
- 方針の定期的な評価スケジュール

固有の事項：
- コミュニティニーズの分析
- 図書館サービスの優先度
- コレクションのパラメータ，これは大活字資料・トーキングブック・識字資料・語学コース・障害を持つ人用の資源など，固有のニーズを持つ人々に特化された資源を含む
- 選書と除籍の原則と実施
- 予算配分
- 組織内におけるコレクション構築・選書・除籍の責任
- 電子資源へのアクセス，これは定期刊行物・新聞・データベース，その他情報源へのオンラインアクセスを含む
- 情報への電子的窓口としての図書館の役割
- 財務会計責任
- コレクションに関する現在および将来のニーズを評価する資源管理計画
- 方針の再検討と評価の予定表

4.3 資源の範囲

4.3.1 すべての人々に，その人が望む言語で，その人自身の文化に関連し

た図書館資料を提供しなければならない。資料は，あらゆる媒体で，複数の情報源から提供することが求められる。
- 各多文化集団にとって関連性がありバランスのとれたコレクションを維持する。
- 多文化集団構成員のための図書館資料の提供は，その集団の大きさと読書ニーズにもよるが，最低限のコレクション規模の基準を必要とする。
- 多文化コミュニティに提供される図書館資料は，居住国内で発行された資源，出身国その他で発行された資源を含む。
- 多文化集団の経験と関心を反映し，彼らが利用することを想定した図書館資料は，その国の多数者の言語あるいは公用語で発行される資料を含む。
- 図書館資料は，第二言語として広く使用される言語の資源を含む。

4.3.2　図書は図書館の多言語コレクションの中核を形成しやすいため，多文化集団の言語で提供することが求められる。資料の範囲はすべての年代を考慮し，幅広いジャンルから構成する必要がある。新規の資料収集は，主に新刊本であり，現地の作家の作品と国際的に人気のある資料の翻訳を含んでいるとよい。複数の文字体系（たとえば，セルビア語）で図書が発行されている場合には，各文字で代表的なコレクションを構築することが望ましい。

4.3.3　最新の定期刊行物と新聞を提供することが求められるが，世界の新聞へのオンラインアクセスは印刷版を補完する。

4.3.4　音楽と朗読のCDやテープを含む録音資料は，多文化集団に対する図書館サービスの欠かせない部分である。電子ブックあるいは音楽を，MP3プレーヤー，iPod，その他のデジタル機器にダウンロードするための設備を用意する必要がある。

4.3.5　デジタルメディアは，多文化集団のための図書館コレクションとして必須の部分となった。DVD，VCD（Video Compact Disk），ビデオ録音などの多様なデジタル媒体を，可能な限り集めることが必要である。DVDに

は多言語コレクション特有の問題がある。それは DVD のほとんどが世界を 6 つの地域（リージョン）[1]に分けて使うような仕様になっているからである。多くの文化的マイノリティは出身国から離れた地域に住んでいるが，出身地域の DVD を利用することを求める。居住地の地域仕様 DVD で構成されるコレクションが望ましいが，ほとんどのコレクションはこの制約に厳しく規制される。多文化コミュニティ（DVD プレーヤーは一般に複数の地域仕様で利用できる）の出身地に合った，別の地域区分のものを入手する必要がある。

4.3.6 国の著作権法や映画倫理規定が，輸入デジタルメディアの貸出し使用を制限している場合，図書館をその制限から除外するために，国レベルで当該機関と交渉しなければならない。視聴覚資料を再分類して貸出できるようにしてもらう費用は非常に高いので，長編映画やドキュメンタリーのような作品の利用を著しく制約することになる。

4.3.7 図書館は，CD-ROM，地図，イメージ，ゲーム，言語学習教材を含む図書以外の多様な資料を利用できるようにしなければならない。

4.3.8 ネットワークデータベースあるいはウェブサイトのある図書館は，多言語インターフェイスにより，このサービスにどこからでもアクセスできるようにする必要がある。

4.3.9 何か特定の種類の図書館資料が欠けている場合，それに代わる適切な資料やサービスを増やすように配慮することが望ましい。

4.3.10 印刷資料がない，多文化コミュニティの読書レベルが低い，あるいは非識字レベルが著しい場合，非印刷資料，特に視聴覚資料に可能な限り重点を置くべきである。

4.3.11 最新のレファレンス資源は，蔵書を補うインターネット情報へのアクセスを含め，コレクションとして提供する必要がある。

4.4 多言語コレクションの構築と維持

コレクション構築の主な基準は，以下のとおりである。
- コミュニティの全構成員を満足させる幅広い資源
- コミュニティの全構成員が，図書館サービスを利用できるさまざまな形態の資源
- 新たに出版された資源の定期的な受け入れ
- 定評のある作品の破損による入れ替え
- 幅広いジャンルのフィクションとさまざまな主題を網羅したノンフィクション
- インターネットやデータベースなどの電子資源へのアクセス
- 時代遅れで古くなり破損した資源の廃棄

4.5 書誌コントロール

4.5.1 少ない資源を最大限利用し，重複を避け，財源を最も効果的に利用するためには，多様な言語資料の選書・収集・目録は，いつでもどこでも可能な限り集中的にあるいは協力して行うのがよい。

4.5.2 すべての言語資料の目録は，実際に可能であれば，目録レコードがオリジナル言語であったとしても，その国の主要言語資料の目録と同じ水準であることが望ましい。
- すべての図書館資料の目録は，実際に可能であれば，オリジナルの言語と文字であることが望ましい。また，その国の言語での主題アクセスを提供してもよい。
- オートメーションシステムを使用している図書館は，その国の言語以外の文字でもデータを保持できるようなシステムにしなければならない。また，データが国際的に承認されているユニコードのような基準に適合し，それによって，オートメーション化されたレコードの交換を促進で

きるようにする必要がある。図書館利用者は，図書館の OPAC を通して，こうしたデータベースにアクセスできるはずだ。
- 全言語の総合目録の作成と維持は，印刷か電子形態かを問わず，国あるいは地域の公平なサービスにおける重要な要素であり，協力を促進し特定のタイトルや主題に対する要求を満たすことになる。たとえば，ストックホルムの国際図書館は，アラビア語，中国語，英語，フランス語，ペルシャ語（ファルシ語），ポーランド語，ロシア語，スペイン語，スウェーデン語で，目録にアクセスできる。（http://www.interbib.se）

4.5.3 書誌情報を翻字することは，経費の問題，言語に精通した図書館職員の不足，他の言語文字を扱えない図書館目録システムなどにより，多くの場合多言語の所蔵資料を記録する上で唯一の実行可能な方法である。翻字レコードは特定言語の利用者にはしばしば理解しがたいが，目録レコードに関して限られた書誌情報しか作成しない理由になる。

4.5.4 コレクションは，できる限り最新のものであることが求められる。
- すべての言語ですべての多文化集団のために，新しい資料を定期的に収集する。
- 古く時代遅れになった資源は，定期的に除籍する。
- 中央館のコレクションがある場合，地域で廃棄した資料はまず中央館の保存書庫に移すことで，少なくとも各タイトル1部はシステム内で利用できるようにする。
- 再製本，複本購入，買換え本の収集などの方法で，蔵書の物理的品質がすべての集団にとって適正であるよう配慮する。

4.6　コレクションに関する基準

以下に図書コレクションに関する基準を提案している。地域社会の状況や財政事情によっては，この提案に示した各条項を変更することができよう。資源がきわめて少ない場合には，この基準を目標値とみなし，将来こ

> れらの基準を達成することを目指して中・長期の戦略が作成されなければならない。
> - 一般的な指針として，既設の図書館の蔵書冊数は，サービス対象人口一人あたり 1.5 冊から 2.5 冊の間であることが望ましい。
> - もっとも小さなサービス・ポイントの最低限の蔵書レベルといえども，2,500 冊を下回ってはならない。
>
> 『理想の公共図書館サービスのために：IFLA/UNESCO ガイドライン』2001

4.6.1 一般原則として，各多文化集団に対して準備する図書コレクションは，一般住民一人当たりと少なくとも同じ割合にする。しかし，効果的でより公平なサービスを提供するためには，小集団には一般に適用されるよりも一人当たりの比率にして高い割合で提供する必要があることを念頭に置くべきである。

4.6.2 非常に小人数のマイノリティや広範囲に散在する集団の場合，より効果的にサービスするために，多文化集団への資料とサービスは，集中化するか，または相互協力のもとで提供する必要があるだろう。

4.6.3 比較的小規模な図書館が目指せる到達可能な目標は，多文化集団の人口一人当たり 1.5 冊から 2.5 冊の提供である。資源が非常に限られている場合，将来これらの基準の達成を目指すために中・長期的戦略を練らなければならないだろう。

4.7 新規受け入れ率

> 人口 1,000 人あたりの年間新規購入点数：216 点
> 　これは，図書およびそれ以外の資料，たとえば視聴覚資料・電子資料・他の形態も含まれるが，新聞・雑誌等の資料は除かれる。
>
> 文化・メディア・スポーツ省「公共図書館サービス基準」英国，2008

既設の図書館での一般的な蔵書に関しては，以下の新規受け入れ率を適用することができる。

人　口	人口一人あたり年間図書購入冊数	人口 1,000 人あたり年間図書購入冊数
25,000 人未満	0.25	250
25,000 人以上 50,000 人未満	0.225	225
50,000 人以上	0.20	200

出典：『理想の公共図書館サービスのために：IFLA/UNESCO ガイドライン』2001

4.8　電子資源の提供

インターネットと図書館目録にアクセスできる電子ワークステーション（固定施設，移動図書館，他のサービス・ポイントから一般に利用可能な）の総数：人口 10,000 人当たり 6 台

電子ワークステーションとは，インターネットとオンライン目録にアクセスできるコンピュータ端末をいう。

　　　　　　　文化・メディア・スポーツ省「公共図書館サービス基準」英国，2008

---//---

自治体によって提供される OPAC（On-line Public Access Catalogues）端末の数は

- 人口 10,000 人以下：1 台
- 人口 10,001 人から 60,000 人未満：人口 5,000 人あたり 1 台
- 人口 60,000 人以上：60,000 人未満は人口 5,000 人あたり 1 台，60,000 人を超える部分は人口 10,000 人あたり 1 台

OPAC に加えて，利用者が自由にアクセスできる CD/DVD ドライブ付き PC が，以下のとおり提供されることが望ましい。

- 人口 50,000 人未満：人口 5,000 人あたり 1 台

- 人口50,000人以上：50,000人未満は人口5,000人あたり1台，50,000人を超える部分は人口10,000人あたり1台

これらの基準は，一般に利用されるワークステーションの少なくとも半数が，インターネットにアクセスでき，すべてのワークステーションが，プリンターに接続していることが望ましい。

「クイーンズランド公共図書館基準とガイドライン」オーストラリア，2004

4.8.1　グローバルに結合した図書館ネットワークシステムの中では，すべての多文化コミュニティが，このネットワークにアクセスでき，また参加可能でなければならない。

4.8.2　一般に利用できるワークステーションはすべて，コミュニティのニーズを反映した多言語仕様であるべきだ。キーボードは，多様な言語集団がインターネットやワードプロセッサのようなアプリケーションにアクセスできるキー表示で提供されるのが望ましい。標準のキーボードを100の異なった文字に設定したり，PCの画面上に仮想キーボードを表示したりするアプリケーションソフトが利用できる。しかし，すべてのオペレーティングシステムが，全言語をサポートしているわけではないため，対応していない言語用に代替の入力装置，たとえば別のオペレーティングシステムを装備したスタンドアローンのワークステーションが必要になるかもしれない。

4.8.3　図書館は一般向けの多言語電子データベースへのアクセスを，可能な限り提供することが求められる。プロバイダとの協同ライセンス契約は，市町村レベル，地域レベル，全国レベルで交渉し，費用対効果を高めるべきである。ネットワークデータベースへのアクセスが，技術的もしくは財政的な理由で不可能な場合は，CDやDVDの代替手段を用いる方法もある。

4.8.4　すべての図書館は，サービス対象である地元コミュニティを反映し

た多言語版でウェブページを用意するべきである。多言語のウェブページは注意深く作らなければならない。コミュニティのメンバーと相談し，文化的規範に則した形で進める必要がある。利用者が最初に出会うユーザーインターフェースの国際化は，大変重要である。色彩・音・イメージなど，特定の文化的要素を使う場合は，注意して扱わなければならない。人物・動物の絵・国旗・アニメーションは制限するほうがよい。日付と時刻の表し方，フォントのサイズ，名前と住所の標準的な書式，言語タグなどの要素は，考慮が必要である。

4.8.5　多言語のウェブページは，図書館が地元コミュニティに提供するサービスについて情報提供するためによく利用されるものである。たとえば，ヘルシンキ市立図書館（http://www.lib.hel.fi/）では，そのサービスをフィンランド語，スウェーデン語，英語で説明している。また，オークランド市立図書館のサイトは，英語とマオリ語を含んでいる（http://www.aucklandcitylibraries.com/）。より広範囲には，図書館は地域あるいは国のレベルに広げていくこともある。たとえば，統合のためのデンマーク図書館センター（The Danish Library Centre for Integration, http://www.indvandrerbiblioteket.dk/）では，デンマーク語のほか，16の言語と文字でサービスを紹介している。オーストラリアのクイーンズランド州立図書館では「多文化の懸橋」サイトが，19言語で提供されている（http://www.slq.qld.gov.au/info/lang）。

4.8.6　図書館は，言語的・文化的に多様なコミュニティが資源を利用できるように，さまざまな多言語の電子的サービスを提供することができる。これらは以下のことを含む。

- カナダ国立図書館・文書館（http://www.collectionscanada.ca）と，オーストラリア国立図書館の「ピクチャー・オーストラリア」プロジェクト（http://www.pictureaustralia.org/）にみられる，先住民の重要な文書や絵画・写真のデジタルコレクション。
- 60以上の言語で，サーチエンジン，ウェブディレクトリ，ニュースへの

リンクを提供しているオーストラリア MyLanguage（私の言語）共同サイトにみられるさまざまな情報資源。（http://www.mylanguage.gov.au/）
- 移民やニューカマーのための，全国・地域・市町村レベルでの生活に関する情報。たとえば，以下のような例がある。

デンマーク： http://www.finfo.dk/
フィンランド： http://www.infopankki.fi/
ドイツ： http://www.interkulturellebibliothek.de/
ノルウェー： http://www.bazar.deichman.no/
英国： http://www.multikulti.org.uk/
オランダ： http://www,ainp.nl/
スペイン・アンダルシア：
http://www.juntadeandalucia.es/cultura/ba/c/biblioMulticult/espanol/default.asp
米国・ニューヨーク市クイーンズ図書館：http://www.worldlinq.org[2]

訳注

1) リージョン（region）：DVD-Video の再生可能地域を表すリージョン・コードを指す。
2) 2012 年 3 月新しいサイトがベータ版でリリースされた。http://www.queenslibrary.org/multilingual-web-picks（参照　2012-03-03）

5 人的資源

5.1 はじめに

> 　文化的に多様なコミュニティへの図書館サービスを成功させるには，サービスを提供する職員に負うところが大きい。職員の役割は，多文化図書館サービス計画の目標に沿って決める必要がある。コミュニティで話される言語に習熟した職員がいることは重要であるが，コミュニケーション能力を持った職員が，効果的にサービスを提供できるように，コミュニティと連絡を取り合いながらともに活動することも同じく重要である。
> 出典：ヴィクトリア州図書館理事会：多様性への対応．ヴィクトリア州公共図書館多文化図書館サービスガイドライン．オーストラリア，メルボルン，2001

5.2 図書館職員のスキル

> 　公共図書館は，地域社会のすべての構成員を対象とするサービスであって，その人々は多様で変化するニーズを持っている。公共図書館の職員には，対人的なスキル，社会的な認識，チームワークとリーダーシップ，およびその組織の実務と手続きにおける能力を含む，広範囲にわたるスキルと資質が求められる。公共図書館の職員に求められる基本的な資質とスキルは，以下のように定義することができる。
> - 人々と積極的に意思の疎通を図れる能力
> - 利用者のニーズを理解する能力
> - 地域社会の中の個々人や集団と協力できる能力
> - 文化的多様性に関する知識と理解

> 　図書館職員の構成は，できる限りサービス対象である地域社会の人口構成を反映させるべきである。たとえば，地域社会に特定の少数民族の人々が相当数いる場合には，職員の中にそのグループのメンバーを含めるべきである。それは，図書館がその地域社会のすべての構成員に対してサービスをするものであることをはっきりと示し，市民のあらゆる部分から利用者を引き寄せることに役立つであろう。
> 　　　　『理想の公共図書館サービスのために：IFLA/UNESCO ガイドライン』2001

5.2.1　図書館は，コミュニティのさまざまな多文化集団の構成を図書館の職員構成に忠実に反映させて，サービス対象となる多文化社会を映す鏡になるように努めなければならない。

5.2.2　図書館は，多文化コミュニティの人々が既存の雇用機会に気づくよう，積極的な行動戦略を実施する必要がある。

5.2.3　図書館当局は，業務に関連する言語的・文化的知識，スキル，能力を持つ人々の雇用を促進するべきである。
- 適切な方法として，地域雇用政策の採用，特別なポジションの創設，インターン・訓練生・見習いの活用がある。
- 言語的・文化的特性が採用する仕事に適していること，また図書館が能力の種類を幅広く認識することが重要である。これには，流暢な会話力，読み書き能力，一般教養があること，その文化あるいは複数の文化の中での正規の高等教育が含まれる。

5.2.4　図書館当局は，職員の文化的知識を豊かにするような教育プログラムを作り，言語的・文化的に多様な社会にサービスする能力を向上させなければならない。

5.2.5　ライブラリー・スクールは，文化的に多様な背景を持つ人々が，図書館学や関連する分野の課程を取るよう促すべきである。ライブラリー・スクールはすべての課程が多文化の問題を扱うようにするのが望ましい。

5.2.6　適切な専門知識を持った図書館職員を協力して活用するべきである。

6 多文化図書館サービスのマーケティング，広報および促進

6.1　識字活動と識字プログラムを促進し，奨励し，サポートすることは，図書館にふさわしい機能であり，またそれはその国の言語と他の言語を含まなければならない。

6.2　コミュニティの言語によるコンピュータ・リテラシーをできる限り促進し，サポートする必要がある。

6.3　ストーリーテリング，コンサート，演劇，展示のような社会的・文化的コミュニティ活動は，図書館によって，また必要に応じてコミュニティの構成員との協同で行われるが，それらはすべての文化的集団に向かって開かれていることが大切である。

6.4　図書館利用に障害のある人々へのサービスは，利用者の望む言語で，すべての多文化集団に提供されなければならない。こうした人々には，地理的に不利な条件にある人，自宅療養をしている人，病院や矯正施設入所者が含まれる。移動図書館サービスは，サービスを受けるコミュニティの人口構成を反映した多文化コレクションを備える必要がある。

6.5　図書館のエクステンション活動は，利用者の望む言語で行わなければならない。この活動には，工場や他の職場へのサービス，多文化コミュニティ団体へのサービスが含まれる。

6.6　情報サービスの提供を含む，多文化コミュニティへの図書館サービスの提供は，必要ならば図書館以外でコミュニティの人たちの使いなれた場所で行うのもよいだろう。

6.7　図書館は，コミュニティの全構成員にとって利用しやすいデザインでなければならない。これは出身国でそのような図書館施設に接してこなかった新移民に特にあてはまるものである。すべての図書館にあてはまる一

般的な図書館のデザイン基準とは別に，多文化コミュニティが図書館サービスになじめて，その利用を促進できるような特別な要因が数多く存在する。

6.7.1　図書館利用を奨励するのに不可欠な無料公開と無料サービス。

6.7.2　主要な利用者集団の言語で書かれた案内や必要に応じて国際的なシンボルを取り入れた図書館のサインシステム。「多言語用語集」のデータベースは，オーストラリアのニューサウスウェールズ州立図書館が作成した図書館用サインのツールである。この用語集には，49言語で書かれた一般的な図書館用語があり，図書館職員と多様な言語的背景を持つ利用者の間のコミュニケーションの手助けとなる。この用語集は以下のサイトから，ダウンロードできるようになっている。

http://www2.sl.nsw.gov.au/multicultural/glossary/

6.7.3　定期刊行物，新聞，マルチメディアを含むさまざまな多言語資源。

6.7.4　多文化コミュニティに対して適切なサービスを提供するためのマーケティング戦略は，そのコミュニティの図書館利用を増大させるだろう。サービスの新しい分野としては，無料で使える多言語インターネットの革新的な利用法，多言語オフィスアプリケーション，多文化討論や相互活動のためのフォーラム，コミュニティの能力開発などが求められる。

6.7.5　開架式で目立つところに排架され，利用しやすいコレクション。

6.7.6　利用者の言語で書かれた，利用登録の書式，延滞の督促，予約の書式，図書館規則，図書館利用ガイド，図書館と利用者の間でやり取りされるその他の書式。

6.7.7　利用促進のための資料，たとえば，多文化集団の言語で書かれ，彼らの関心を反映した資源のリスト。

6.7.8　コミュニティの言語的多様性を反映し，複数の言語で書かれた図書館のウェブサイト。

6.7.9　図書館サービスを宣伝するために，地元のエスニック新聞やラジオ放送など，コミュニティ内のエスニックメディアの利用。

6.7.10 政治家や意志決定者に向けた多言語図書館サービスの宣伝。

　公共図書館の経営とマーケティングは，*The Public Library Service: IFLA/UNESCO Guidelines for Development* (2001)（山本順一訳『理想の公共図書館サービスのために：IFLA/UNESCO ガイドライン』日本図書館協会，2003 年）で包括的に扱っている。詳細な情報については，以下を参照することを薦める。http://www.ifla.org/VII/s8/news/pg01.htm（公共図書館ガイドラインの各言語訳のサイト）

7 国際的に優れた実践例（ベスト・プラクティス）

多くの国で，多文化図書館サービスを提供する試みが実施されてきた。それらは優れた実践例・推奨例・政策例の中に見られる。以下は世界で行われている優れた実践例として選ばれたものである。

カナダ

多文化主義声明

多文化主義に対するカナダの取り組みは，多様性がわが国の基本的価値であり特徴であるという原則に基づいている。歴史的な取り組みと法律によって，多様性は強さと革新の源であり，かつてないほど小さくなっている地球村にあって，創造性と競争力の原点であるとカナダでは考えている。

多文化主義は，カナダの法律，国民的遺産，アイデンティティの主要な構成要素である。

カナダは1971年，公式に多文化主義政策を採用した世界で最初の国になった。この政策は，プログラムやサービスを提供することで，民族文化団体を支援し，また個人がカナダ社会に溶け込む妨げとなる障害を克服する助けとなった。

カナダの多文化性は，1982年に新たに採択された"権利及び自由に関するカナダ憲章"第27条において，憲法上の承認を得た。裁判所は，その憲章を「カナダの多文化的遺産の保存と増進に合致する方法で」解釈するべきであると明記した。

1988年カナダは，包括的市民権[1]という独特のモデルを定めた「多文化主義法」を最初に宣言した国となった。「多文化主義法」の前文は次のように言

う。

　「経済的・社会的・文化的・政治的な生活において，全てのカナダ人が平等であるよう努める一方，カナダの多文化的遺産を保存し，豊かにすること」

　「多文化主義法」は，ヴィジブル・マイノリティ[2]あるいは民族文化的マイノリティだけでなく，すべてのカナダ人に向けられたもので，以下のことを目指している。

- 人種主義や差別を取り除く
- 平等とクロスカルチュラルな理解を促進する
- 包括的市民権を育む
- カナダの多様性に責任を持つ連邦機関を支援する

　その他多くの法律文書，たとえば「公用語法」，「カナダ人権法」，「雇用平等法」などは，平等と敬意という基本的な価値を守るために採択された。
　多文化主義を通じてカナダは，すべてのカナダ人が可能性を持っていることを認識し，人々が社会に溶け込み，社会的・文化的・経済的・政治的課題に積極的にかかわることを奨励している。

トロント公共図書館

　トロント公共図書館は，250万以上の人々にサービスしている。トロントは住民の約半数がカナダ以外で生まれたという，世界で最も多文化的な都市の一つとされている。さらに，トロントの全ニューカマーのほぼ半数が，この15年以内にやってきた人たちである。
　トロント公共図書館は100以上の言語資料を所蔵しているが，40言語で電子資料を含むさまざまな媒体のコレクションを積極的に構築している。北アメリカで最大かつ，最も活気のある公共図書館システムとして，トロント公共図書館は2006年にはほぼ3100万点の貸出しがあり，うち16％は英語以外の点数であった。この多言語資料の貸出しは2000年以降69％の伸びを記録した。

トロント公共図書館は，さまざまなプログラムも提供しているが，しばしば他の機関あるいは政府レベルとの協同で行うなど，トロントの多様な住民を援助している。プログラムには次のものが含まれる。第二言語としての英語による市民権クラス，英語会話サークル，英語・フランス語・その他の言語（たとえば，ベンガル語，ロシア語，ペルシャ語，広東語，ポーランド語，ウルドゥ語，タミール語）による地域分館でのお話の時間，English Can Be Fun「英語はきっと面白い」というニューカマー児童のための会話用言語プログラム，"Dial-a-Story"と題された，会話力と理解力を養うために10言語で提供されるストーリーテリングサービスである。

　トロント公共図書館は分館に，無料でアクセスできる1,400台以上のコンピュータを用意しているが，すべて多言語仮想キーボードにより，多言語サポートを向上させた。NewsConnectというウェブポータルを通して，85言語147の文字体系で世界中の新聞や雑誌にアクセスでき，ニューカマーが母国からのニュースに触れることができるようにしている。

キム・ミジン
カナダ国立図書館・公文書館

デンマーク

図書館サービスに関する法律　2001
第2条　公共図書館の目的は，利用可能な資料を選択する際，質・包括性・時事性を守ることによって達成される。こうした基準こそ資料選択を決定する要因であり，資料に表現される宗教・道徳・政治的見解であってはならない。

第14条2　公共図書館や他の関連機関に，難民や移民のニーズを満たすことを特に意図した資料を提供すること。［これにより，国立図書館および大学図書館は，公共図書館の主要な貸出しセンターとしての役割を果たす。］

コペンハーゲン公共図書館（www.bibliotek.kk.dk）

　デンマークは1960年代以降，ヨーロッパや英語圏以外の世界から，相当な数の難民・移民を受け入れてきた。その結果，コペンハーゲン公共図書館は，移民言語の全国資料センターと共同で，関連する言語の図書や音楽CDのコレクションを構築し始めた。しかし，多くのニューカマーは読み書きがわずかしかできないか，まったくできなかった。これらの人々にサービスするために，KKB-LYD（コペンハーゲン公共図書館オーディオ部門）は，移民の言語でオーディオブックの作成を始めた。コペンハーゲンで最も必要な言語は，アラビア語，クルド語，セルビア語，クロアチア語，トルコ語，ウルドゥ語である。オーディオブック（始めはカセットテープだったが，後にCD）は，デンマークの全図書館で，また後に世界中で売り出された。これらのオーディオブックはすべて，デンマーク語と英語の内容解説がついている。

　過去10年で活動の中心は変わり，コペンハーゲン公共図書館／KKB-LYDは，移民や難民にまず第二言語としてのデンマーク語の学習支援に努めている。

　コペンハーゲン公共図書館／KKB-LYDは出版社と共同で二言語絵本を製作したが，それはデンマーク語のテキストとオーディオCD＋他の言語（アラビア語，クルド語，セルビア語，クロアチア語，トルコ語，ペルシャ語，ソマリ語，ウルドゥ語）の印刷テキストである。

（http://kkb-lyd.dk/mantra.php.htm）

　コペンハーゲンでは，すべての子どもは図書館から2歳の誕生日に招待状のついた葉書を受け取る。子どもたちが図書館を初めて訪問する際，お話の本とCD（デンマーク語）をプレゼントされる。

　多文化家族の子どもたちに特別なサービスをしている分館もいくつかある。司書が誕生から学齢期になるまで，それぞれの子どもについて4回訪問している。ストーリーテリングを通して，子ども（とその家族）は，いろいろな図書館サービスを紹介される。毎回の訪問で，子どもは新しい本を受け取る。

　2008年以来，コペンハーゲンからのデンマーク語のニュースを，毎日イン

ターネットを通して無料で聞くことができる。(www.kkb-lyd.dk/daglig)

ヴィベカ・ステイ，スージー・タステセン
コペンハーゲン公共図書館，デンマーク

エストニア

公共図書館法より抜粋
第13条　コレクション
　公共図書館のコレクション構成は普遍的なものである。コレクションは，特定の公共図書館のサービスエリアに住む人々の基本的ニーズに合致した，さまざまな言語によるさまざまな種類の蔵書を含んでいなければならない。

マーティン・ハリック
エストニア

オランダ

識字
　オランダでは，150万人（10％）の人々は読み書きがわずかしかできない。つまり，よくある書式に書き込む，子どもに本を読んであげる，メールを扱う，情報が書かれたチラシを理解する，新聞を読む，インターネットを利用するなどの読み書き能力が不十分である。この集団の3分の1は移民の経歴を持っている。
　読み書きが不十分であることは，全国的な重要問題である。含まれる人々の数だけでなく，不十分な読み書きしかできずに学校を去る多数の若者が見込まれることにより，識字は深刻な課題である。国の識字対策として，全国公共図書館協会（NPLA）は，非識字撲滅キャンペーンで国レベルのパートナーと数多く協力している。州・リージョン・自治体それぞれのレベルでも協力を続けている。公共図書館は今，識字問題に関するサービスに力点を置き，

窓口部門と管理部門のスタッフを訓練することを目標としている。この目的のため，訓練モジュールが全国に向けて開発されてきた。

図書館は"Netnieuws"（www.netnieuws.nl/）の無料予約購読もできる。これは新しい読者が，新に獲得した言語力と読書力を訓練するための週刊オンライン新聞である。読み書き訓練は，2つの言語レベルで，プログラムに入っている。

国民に広く識字問題を認識してもらうために，NPLA は読み書き基金と共同で，巡回展示会 Taal Centraal を提供している。この展示会は毎月違う図書館で開催されるが，関心を高めるオープニングはコミュニティ内の地元図書館が準備する。

統合

オランダでは 2007 年 1 月，新しい統合に関する法律が制定された。オランダで 8 年未満の学校教育しか受けていない外国出身の市民は皆，言語と統合の能力に関する試験に合格しなければならない。公共図書館は，政策を地域に適用する重要な手段であり，情報拠点が多くの図書館に設けられてきた。図書館は統合に関するツールキット NL kompas を使うことができるが，それは全国の公共図書館で利用可能となっている。

パートナーシップ

公共図書館は，地元コミュニティにおける重要なパートナー——広く行渡り簡単にアクセスできる社会基盤という理由で——であることを認識し，地元レベルでの多様な集団の市民生活と社会参加に貢献する必要がある。この役割はまた，社会の頼みの綱として重要である。（文化的多様性の将来構想，オランダ公共図書館協会，2006）

ルリーナ・K. デ・ヴート
オランダ公共図書館協会

ノルウェー

グローバル化

　図書館は，世界・国・地域の知識と文化へのアクセスを提供する。デジタル技術の革新により，図書館のコレクションは，これまで以上に広く利用可能となり，情報の流れは国境を意識しない。従来の図書館コレクションのデジタル化とインターネット公開は，コンテンツをたやすく利用できるようにする必要条件である。グローバル化が増し，教育と言語を含む社会の多くの領域に影響をもたらすと同時に，人々の間に，文化的帰属意識，文化的アイデンティティ，他の文化との対話もさらに必要となるだろう。（ノルウェー公文書館・図書館・博物館　図書館改革　2014　第1部　戦略と構想　2006）

図書館を社会的包摂，統合，文化的多様性に貢献する存在として強化すること

　2008年を記念する準備[3]，移民の統合と包摂のための政府のアクションプランとともに，図書館はノルウェー社会における移民統合の強化に貢献している。（ノルウェー公文書館・図書館・博物館　図書館改革　2014　第1部　戦略と構想　2006）

　ロシア人，サーミ人，フィンランド人に特に重点を置いて，多文化図書館サービスを強化すること。しかし新移民に対しても文献や他のサービスを提供する。（フィンマルク県立図書館　戦略計画　2005-2014）

キルステン・レス・ニールセン
オスロ公共図書館，ノルウェー

スペイン

スペイン公共図書館サービスガイドライン
職員

　職員は，公共図書館の適切で効果的な運営にとって本質的要素であり，基

本的な資源である。公共図書館は十分な職員を擁し，職員は機能を実践する適切な訓練を積むべきである。

一般

公共図書館は，境遇や職業に関係なく，誰にでも開かれている。主要な原則の一つは，特定の集団ではなく，コミュニティ全体に対してサービスすることである。

協力

公共図書館は，個別に活動するのではなく，提供するサービスの質と範囲を向上させる目的を持った他の図書館および機関とのネットワークを促進し，特に地域環境のなかで協力を育む方法を探らなければならない。

スザンナ・アレグレ・ランダブル
スペイン文化省図書館

英国

"Welcome To Your Library"（ようこそ図書館へ）―公共図書館と難民コミュニティを結ぶ（www.welcometoyourlibrary.org.uk/）

はじめに

ようこそ図書館へ（WTYL）は，2003－2004年にかけて，難民や保護を求める人々と公共図書館を結びつけるために，5つのロンドン行政区で実験プロジェクトとして始まった。そのプロジェクトは次のような実証から発展した。難民は社会の中で大きな障害に直面している。公共図書館は彼らの情報ニーズ，言語ニーズ，文化的ニーズを支援するよう適正に配置されているが，図書館職員がこれらの役割を効果的に果たすためには，伝統的な考え方や活動のやり方を変えるような支援を必要としているということである。ポール・ハムリン財団の資金提供とロンドン図書館開発局の調整により，プロジェクトは全国的に2007年末まで延長された。

"Welcome To Your Library"（ようこそ図書館へ）の目的

　WTYL は，かかわる機会を増やすことで，誰でも質の高い図書館サービスを受けられることを目指した。そのヴィジョンは，以下を通してすべての人に，学習，幸福，帰属意識を育むことである。
- 仕事を通じた難民コミュニティの参加
- 認識を高め図書館利用を増加させるためのパートナーシップ
- 信念を持ち，訓練を受けた図書館職員
- 実証に基づいて優れた実践を共有すること
- 難民や保護を求める人々と活動する公共図書館の擁護

プロジェクトの活動

　以下を含む：
- 図書館職員の事業計画と評価能力を伸ばし，広範な政策決定における効果的な仕事の位置づけを可能にし，実証ベースを向上させること
- 難民コミュニティと支援団体のマッピング
- 図書館利用の障害とそれを克服する方法を見つけること
- 難民や保護を求める人々に関する問題について，図書館職員の意識向上訓練を行うこと
- 難民コミュニティ団体などとのパートナーシップの確立
- 計画的なお試し訪問と ICT 集会
- 図書館参加手続きの簡素化
- ESOL（第二言語としての英語），コミュニティ言語，読書支援を提供すること
- 難民コミュニティから入ってくる新しい資源を獲得すること
- 異なるコミュニティを一つにするストーリーテリング，その他の催し，ワークショップ
- 図書館ボランティアと難民への職業紹介
- 共同学習を支援し，優れた実践を広めるための e-list やウェブサイトの開発

反響

個人とコミュニティへの反響は以下のとおりである：

- **雇用へのアクセス**：2つの参加型WTYLサービスに含まれる職業体験プログラムの結果として，少なくとも25人の難民が（図書館と他のセクターに）雇用された。多くの参加者は自信と自尊心を得て孤立感が減ったと報告している。
- **自信と当事者意識**：図書館で自分のニーズが満たされるとわかった難民は，チャンピオンのように行動し，当事者意識，信頼，関与への意欲を増す先駆けとなっている。
- **異なる文化を持つ人々との交流の増加**：図書館職員と難民や保護を求める人々との接触が増加し，異なる背景を持つ人々を一つにする活動のために図書館スペースが使われ，定着した難民が図書館を基点とした自助集団によって新来者を援助する機会が確立した。

図書館サービスへの反響は以下のとおりである：

- **図書館活動をより効果的に位置づけること**：特に国および地方自治体全体の政策と活動との関連で，社会的排除の問題に取り組み，より密接なコミュニティを生み出した。
- **資金調達につながるパートナーシップと他部門から学ぶパートナーシップ**：2つの局面での経験と実践は，プロジェクトと主要な業務を行うための新しい資金源へと図書館を結びつけた。
- **労働力開発**：より広範な職員——たとえば図書館サービス部門で働く難民——の雇用機会を促進した。これは，直接コミュニティとともに働く図書館職員を支援するスキル開発を含んでいる。そのやり方は，地域へのアウトリーチを通して信頼を築き，図書館利用の障害を見つけ，図書館サービス全般を通して，戦略や実践レベルで障害を克服する方法を共有するというものである。

エウブ・カーン
ウォリックシャー州図書館，英国

アメリカ合衆国

成功のための5つの戦略

　5つの戦略は，移民が首尾よく新しい環境に移行するのを支援し，コミュニティが世界規模の急速な変化の影響をうまく処理するのを助けている……アメリカ中の都市と郊外の図書館はその戦略を使って絶大な効果を挙げている。

1. **図書館は地域での移民の力学を理解している。**公共図書館は，公の情報源と移民ネットワークとの非公式の結びつきから，人口や地理的データを集めている。図書館が，新しい住民，そのニーズ，入手可能な資源について，近隣レベルの情報を理解するとき，図書館はサービスを具体化し，パートナーシップを効果的に形成することができる。伝統的に移民の目的地でなかった都市では特に，図書館は移民のニーズと関心を発見したり言葉で表したりして，コミュニティを導いている。

2. **図書館はサービスを提供するにあたって文化的・言語的気配りをしている。**新来者にとって最大の障害は，言語である。図書館は，住民の第一言語でのサイン，ウェブサイト，コレクション，基本的なサービス提供において，新しいやり方で取り組んでいる。

3. **図書館は英語力を育成する。**英語力は移民が成功するチャンスをつかむ最も重要な要因である。一世紀にわたって子どもや家族の識字を育成した経験を生かして，公共図書館は新住民に手を広げている。幼少期の識字と家族の識字プログラムは，幼い子どもが学校に入る準備である。成人英語教育は，学習者によりよいライフスキルと仕事の機会を身につけさせている。パートナーである学校と他の学習提供者とともに図書館は，職探し，健康，栄養，その他生きるために必要なことに焦点を当てたプログラムも提供している。

4. **図書館は地元の機関と連携する。**コミュニティには，多岐にわたる公共機関や施設が備えられている。このような組織は，仕事，教育，住宅など

の援助をしているが，最近の移民はこれらのサービスの恩恵を得られないことが多い。言語の障害，地理的な孤立，カルチャーショックが主な要因である。図書館は，一般住民に向けた公共機関やサービスと，ニューカマーのニーズを結びつけている。ビジネス支援，健康情報，学校関係はこの活動の主な例である。

5. **図書館は市民の参加を奨励する**。国民生活や市民生活への参加は，多くの移民にとってもともと期待していることではない。図書館カードを登録するという単純なアメリカ的行動さえ，ある種の人たちにとって奇妙で恐ろしい経験でありうる。図書館は，社会的包摂とニューカマーの参加両方を奨励する。強力で公平な公共の場として，学習と調査に専念する場として，歴史的な役割を生かしながら，図書館はニューカマーと彼らを受け入れるコミュニティ双方が直面する課題について，公開で議論することを促している。

リック・アシュトン，ダニエル・ミラム
Welcome, Stranger: Public Libraries Build the Global Village.
都市図書館評議会，米国，2008

オーストラリア

MyLanguage（私の言語）

　MyLanguageは60以上の言語で，検索エンジン，ウェブディレクトリ，ニュースへのアクセスを提供している。MyLanguageは，ニューサウスウェールズ・クイーンズランド・南オーストラリア・西オーストラリア州立図書館，VICNET（ヴィクトリア州立図書館の一部門），北部準州立図書館，オーストラリア首都地域図書館・情報サービスと協力関係にある。

　MyLanguageは，電子的多文化図書館サービスで，文化的・言語的多様性（CALD=Culturally and Linguistically Diverse）を持つ個人とコミュニティ集団のためのオンライン情報資源へのアクセスを増進する。

この双方向サイトは以下の特徴がある。
- 60以上の言語による検索エンジン，ウェブディレクトリ，ニュースの公開。
- CALDの個人とコミュニティ集団のための訓練教材は次のものを含む：インターネット，eメール，ウェブ検索を利用する初歩的コースのファクトシートや訓練教材の翻訳版。
- CALDコミュニティに伝統的サービスおよび電子的サービスを提供する図書館への支援。これは多文化図書館サービスに関するガイドライン，基準，報告，論文，調査，会議資料を含む。
- CALDコミュニティ集団，図書館，政府機関にとって興味深い専門的技術情報の資源バンク。　http://www.mylanguage.gov.au/

多言語用語集

多言語用語集データベースは，図書館向け専門に作られたサインツールである。用語集は49言語で書かれた一般的な図書館用語を収めている。このツールは図書館職員と，異なる言語的背景を持つ利用者とのコミュニケーションを促進する。　http://www2.sl.nsw.gov.au/multicultural/glossary/

オリアナ・アセヴェード
ニューサウスウェールズ州立図書館，オーストラリア

訳注
1) 包括的市民権（Inclusive citizenship）：市民的・社会的権利全般を含む市民としての身分。
2) ヴィジブル・マイノリティ（Visible minority）：肌の色などで外見上それとわかるマイノリティ。
3) ノルウェー政府は，2008年を「文化的多様性年」とした。

付録 A

IFLA/UNESCO 多文化図書館宣言

多文化図書館 – 対話による文化的に多様な社会への懸け橋

　世界には 6,000 以上もの異なる言語が存在し，私たちは皆，ますます多様化する社会に生きている。国際的な人口移動率は年ごとに上昇し，複合したアイデンティティを持つ人々が増大する結果をもたらすことになった。グローバリゼーション，移住の増加，高速化した通信，簡便な輸送手段などの 21 世紀のパワーは，多くの国——文化的多様性がこれまで存在しなかった国もあれば，既存の多文化性を増してきている国もある——で文化的多様性を増大させている。

　「文化的多様性」あるいは「多文化主義」は，異なる文化の共生と交流にかかわるものである。「文化とは，特定の社会または社会集団に特有の，精神的，物質的，知的，感情的特徴をあわせたものであり，また，文化とは，芸術・文学だけではなく，生活様式，共生の方法，価値観，伝統及び信仰も含むものである。」[1] 文化的多様性あるいは多文化主義は，地域社会およびグローバル社会における総合力の基盤である。

　文化的・言語的多様性は，人類共通の遺産であり，全人類の利益のために大切に保存しなければならない。それは，相互の交流，革新，創造，平和的共存の源である。「国際平和と安全保障実現のための最善策は，相互信頼と理解に基づいた文化的多様性，寛容，対話，協力の尊重である。」[2] したがって，館種に関係なく図書館は，国際レベル，国レベル，地域レベルで，文化的・言語的多様性を反映させ，それを援助し，促進するとともに，クロスカルチュラルな対話と積極的な社会参加のために努めるべきである。

　図書館は，さまざまな関心事と多様なコミュニティのために奉仕する機関であり，学習センター，文化センター，情報センターとしての役割を果たし

ている。文化的・言語的多様性に取り組む際には，文化的アイデンティティと文化の価値を尊重しつつ，基本的自由の原則，すべての人が情報や知識に公平にアクセスできるという原則を守ることが，図書館サービスの基本である。

原則

グローバル社会では一人一人が，すべての図書館・情報サービスを受ける権利を持っている。文化的・言語的多様性に取り組むにあたって，図書館がすべきことは以下のとおりである。
- その人が受け継いだ文化や言語によって差別することなく，コミュニティの全構成員にサービスする。
- 利用者にとって適切な言語と文字で情報を提供する。
- すべてのコミュニティとあらゆるニーズを反映した，幅広い資料やサービスを利用する手段を提供する。
- コミュニティの多様性を反映した職員を採用し，協力して多様なコミュニティにサービスできるよう訓練を施す。

文化的・言語的に多様な状況下での図書館・情報サービスには，あらゆる種類の図書館利用者に対するサービスの提供と，これまで十分なサービスを受けてこなかった文化的・言語的集団を特に対象とした図書館サービスの提供という両面がある。文化的に多様な社会の中で多くの場合取り残される集団，すなわち，マイノリティ，保護を求める人，難民，短期滞在許可資格の住民，移住労働者，先住民コミュニティに対しては特別な配慮が必要である。

多文化サービスの使命

文化的に多様な社会では，情報・識字・教育・文化に関連した以下の使命に重点を置くものとする。

- 文化の多様性に価値があるという認識を促し，文化的な対話を育む。
- 言語の多様性と母語の尊重を奨励する。
- 幼いころから複数の言語を学習することを含め，複数言語の共生を促進する。
- 言語的・文化的遺産を守り，それらの言語での表現，創造，普及を援助する。
- 口承および無形文化遺産の保護を支援する。
- 多様な文化的背景を持つ人々および集団の包摂と社会参加を支援する。
- デジタル時代における情報リテラシーと情報通信技術の修得を奨励する。
- サイバースペースでの言語の多様性を促進する。
- 誰でもサイバースペースが利用できるユニバーサル・アクセスを奨励する。
- 文化的多元主義に関する知識と最良の実践例（ベスト・プラクティス）の情報交換を支援する。

管理と運営

　多文化図書館がすべての館種の図書館に期待するのは，サービス全体の総合的な取り組みである。文化的・言語的に多様なコミュニティのために行う図書館・情報サービス活動は，「別個のもの」とか「付け足し」ではなく中心となるものであり，また，常にその地域のニーズあるいは特定のニーズを満たすように計画を立てるべきである。

　図書館は，文化の多様性に関連した使命・目的・優先順位・サービスを明記した政策および戦略計画を，利用者ニーズの総合的分析と十分な資源に基づいて立案することが求められる。

　図書館は，単独で活動を展開するのではなく，地域レベル，国レベル，国際レベルで，関連する利用者集団および専門家との協力を促進するべきである。

中心的活動

多文化図書館が行うべき活動は以下のとおりである。
▸ デジタル資源およびマルチメディア資源を含む，多文化・多言語のコレクションとサービスを提供する。
▸ 口承文化遺産，先住民文化遺産，無形文化遺産に特に配慮して，文化的な表現と文化遺産を保存するための資源を配分する。
▸ 利用者教育，情報リテラシー，ニューカマーのための情報資源，文化遺産，クロスカルチュラルな対話を支援するプログラムなどを，図書館に不可欠のサービスとして組み込む。
▸ 情報の組織化とアクセス・システムを通して，利用者が適切な言語で図書館資源を利用できるように準備する。
▸ 多様な集団を図書館に引き付けるために，マーケティングと適切な媒体に適切な言語で書かれたアウトリーチ資料を開発する。

職員

　図書館職員は，利用者と情報資源の積極的な仲介者である。職員に対して，多文化コミュニティへのサービス，クロスカルチュラルなコミュニケーションと文化に対する感受性，反差別，文化と言語を中心に，専門家教育と継続的な訓練を実施することが求められる。
　多文化図書館の職員構成は，コミュニティの文化的・言語的特徴を反映していなければならない。それは，文化を意識させ，図書館がサービスするコミュニティを反映し，コミュニケーションを促進することになる。

財政・法令・ネットワーク

　文化的に多様なコミュニティに図書館・情報サービスを無料で提供するた

めに，政府と他の関係する政策決定機関は，図書館や図書館システムを確立し，十分な財政措置を行うことが求められる。

　多文化図書館のサービスは本質的にグローバルである。この分野の活動にかかわるすべての図書館は，政策を展開する際，地域ネットワーク，全国ネットワーク，国際ネットワークに参加しなければならない。十分な情報に基づいてサービス方針を決定し，適切な財源を確保するには，基になるデータを得るための調査が必要である。調査結果および最良の実践例（ベスト・プラクティス）は，効果的な多文化図書館サービスの指針とするために，広く普及させることが重要である。

宣言の履行

　国際社会は，図書館・情報サービスが，文化的・言語的多様性を促進し，維持する役割を担っていることを認識し，支援するべきである。

　世界中のあらゆるレベルの政策決定者ならびに図書館界は，本宣言を普及し，ここに示された原則と行動を履行することが求められる。

　本宣言は，IFLA/UNESCO 公共図書館宣言，IFLA/UNESCO 学校図書館宣言，IFLA インターネット宣言を補完するものである。

（平田泰子・日本図書館協会多文化サービス委員会　訳　2011.10.10）

[原注]

1) UNESCO Universal Declaration on Cultural Diversity, 2001.（「文化的多様性に関する世界宣言（仮訳）」
　http://www.mext.go.jp/b_menu/shingi/bunka/gijiroku/019/04120201/001/008.htm
2) 同上

付録 B

多文化サービスの意義

IFLA 多文化社会図書館サービス分科会

　図書館情報学の分野では,「多文化サービス」とは何か,なぜ「多文化サービス」なのかが常に問われている。

　第一に,多文化サービスはすべての図書館利用者に対する多文化情報の提供,および,これまで十分なサービスを受けてこなかった民族的・文化的集団を特に対象とした図書館サービスの提供,という2つの要素を含んでいる。私たちは,少数民族集団が主に多文化サービスの恩恵を受けると考えがちである。なぜならこのような少数民族集団は,民族的・文化的背景が社会の主流と異なっており,彼らのニーズはまったくか,あるいは,わずかしか表明されないからである。多文化サービスは,平等な図書館情報サービスを保証するものである。しかし,多文化とは,社会全体の多様な構成にかかわる状態をさすものだから,その社会全体が,「多文化サービス」の恩恵を受けるべきである。したがって,多文化サービスを提供する別の側面は,利用者全体のためになる多文化情報の提供である。地域社会に住む人々は,それぞれ互いの文化,言語,社会への貢献,価値観などを学ぶことができ,その結果,理解や対話が増すことになる。

　第二に,多文化サービスは付け足しの,あるいは別個のサービスではなく,通常の図書館サービスである。以下の理由がそれを明らかにする。

多文化サービス提供の理由

1.　図書館は,地域社会にサービスすることを使命とするが,その社会は多くの場合すでに多文化的・多言語的であるか,もしくは文化的多様性を増

しつつある。
2. 多文化・多言語図書館サービスは，平等なサービスと平等な情報アクセスを保証する。
3. 簡単に国境を越えたコミュニケーションや旅行ができるグローバル化した時代にあって，人は，他の文化，言語，人々について学ぶ必要がある。それはさまざまな体験を尊重し，人生の見方を広げることになる。
4. 多様な利用者集団にわかりやすい言語と伝達ルートを通してもたらされる情報によって，市民社会への民主的な参加が可能になる。
5. 自己が継承した民族的遺産に関する情報は，その文化に活力を与え 他の民族の体験や物の見方についての理解を促進し，より調和のとれた社会の発展に寄与する。
6. 多様な利用者集団にふさわしい言語と伝達ルートを通してもたらされる情報により，複数の読み書き能力が促進される。それは，新しい知識の獲得を促し，市民社会のすべての分野で均等な機会を確実に得るための力となる。
7. 世界中の知識，創造的表現形式，文化的実践は，多様な形態や言語で記録される。したがって多文化資料を提供するためには，そのすべての形態や言語に応じられる状態にしておくべきである。
8. 創造的表現・作品・問題解決のさまざまな方式を学ぶことは，新たな見識や意見を導き，これまでにないやり方で状況を刷新し，行動し，解決することができる。
9. 多文化社会に関する情報，および多文化社会のための情報は，地域社会の構成員と彼らの文化を尊重していることの証となる。
10. 図書館は，知的活動や娯楽の場であるが，多文化・多言語サービスと資料を提供することにより，人々の出会いの場ともなる。

ガイドライン　解説

はじめに

　まえがきに述べられているように，本書は『多文化コミュニティ：図書館サービスのためのガイドライン』("Multicultural Communities: Guidelines for Library Services")の第3版である。1987年の初版以降，1998年（改訂第2版），2009年とほぼ10年程度の間隔で改訂されている。

　第3版は，1998年の第2版刊行以降さらに目覚ましい発展を遂げている電子媒体や情報通信技術，社会の発展・変化などに対応した多文化サービスの指針を提示することが主なテーマとなった。オーストラリアの委員であったロバート・ペステルが議長となってワーキンググループを結成し，2004年の国際図書館連盟（IFLA）ブエノスアイレス大会以来，年次大会やミッドイヤー会議で検討を進めてきた。2009年 IFLA ミラノ大会の常任委員会で承認を受けてガイドライン第3版として確定した。IFLANET にはすでに6か国語の翻訳が掲載されている。

第2版との主な相違点

1. 全体の構成

　まず全体の構成では，公共図書館サービスのための「IFLA/UNESCO ガイドライン」[1]の章立てに対応させ，両者を照合しながら使えるようにしている。したがって初版から第2版[2]への改訂のような内容・文言の訂正，あるいは追加に留まらないため，第2版に比べると本編部分だけで2倍，全体で見るとほぼ3倍という非常に大部になった。やや詳細にわたりすぎているきらいもないとは言えない。結果として IFLA 公用語以外の言語への翻訳が進めにく

くなり，要旨が急遽作成された。要旨の日本語版については，今回のガイドラインには含めず，IFLANETにのみ掲載することとした。

2. ベスト・プラクティス

次に特筆されるのが，ベスト・プラクティス（優れた実践例）と各国・各地域の多文化サービスに関する政策等を盛り込んでいる点である。これらは本文中の囲み記事として，また第7章のベスト・プラクティスとして別立てにしたものとがある。残念ながら日本の事例はないが，各国でどのような多文化サービスを実践しているかを知ることができる[3]。日本でのサービス事例については，日本図書館協会多文化サービス委員会の検討課題である。

3. 用語の問題

また用語の問題では，ガイドラインの本文中には，第2版に使用されていた「民族的・言語的・文化的マイノリティ　云々」から「民族的」という言葉が除かれている。これは，「IFLA/UNESCO多文化図書館宣言」でも，この言葉を使用していないことに倣ったものである。分科会の議長であったニールセン氏によれば，UNESCOでは，公式文書で文化的多様性に言及する際，「民族」という言葉を使用していないことから，「多文化図書館宣言」をUNESCOに提出するにあたって，この言葉を削除したとのことである[4]。

4. 対象となるマイノリティ集団

第2版では，多文化サービスの対象として想定される民族的・言語的・文化的マイノリティ集団として，5つの集団，1. 移民のマイノリティ，2. 保護を求めている人，難民，短期滞在許可資格の住民，3. 移住労働者，4. ナショナル・マイノリティ，5. グローバル社会（グローバル社会にあっては，私たちすべてが何らかの文化的マイノリティのいずれかである）に分類し，それぞれの集団について説明していた。第3版では，分類はせずに対象集団を列挙し，5番目にあたる文言は削除した。それに代わる表現として，混在

した文化的背景を持つ人々，多国籍者，ディアスポラを挙げている。

5. コミュニティ分析・ニーズ評価

　コミュニティ分析やニーズ評価にかなりの部分を割いている。第2版では1.3（c）の1項目として言及しているだけだが，第3版では，「3.1　コミュニティ内のニーズ分析」として，その定義・目的・必要なデータなど，2ページにわたって取り上げている。サービス対象の状況を正しく把握することがサービスの第一歩だが，潜在的利用者を含めたコミュニティ調査の必要性が特に強調されていると言ってよい。

6. 情報通信技術の活用

　新しい情報通信技術を積極的に図書館サービスに取り入れていく姿勢を打ち出した（3.4　電子資源）。ブログ・ウィキ・フェイスブック等々，利用者自身がコンテンツを作成・発信したり，コミュニティの構成員同志のコミュニケーションを助けたりする最新の技術が紹介されている。図書館はコミュニティにハードやソフトだけでなく，訓練の場を提供することで，これらの技術を人々が使いこなせるのを助ける役割を果たすことが期待されている。

　情報通信技術の発展は近年著しく，次々に新しい技術が紹介されている。それらを図書館サービスのために使いこなしていくのは大変だが，これまで十分な記録資料をもたなかった文化的・言語的マイノリティにとって，多くの可能性を提供するだろう。ガイドライン第3版の議長を務めたロバート・ペステルは，分科会のニュースレターで，「インターネット，コンピュータの多文字表記と多言語機能，ウェブ2.0は，多文化図書館サービスにとって多大の機会を切り開いた。例えば，オンライン上で，オーラルヒストリーや伝統音楽，ソーシャルネットワーキングからコミュニティ・ニュースサイトまで，広範な資源へのアクセスを提供することなどが可能になった」と述べている。

7. 資料の範囲

収集する資料の範囲の多様化（4.3　資源の範囲）がある。すでに第2版でも図書・定期刊行物・新聞・録音資料・ビデオ・レーザーディスク・CD-ROM・地図・絵画・写真・映写メディアを挙げているが，第3版では，DVDとゲームも含めている。最近訪問したアメリカやデンマークの図書館では，ビデオゲーム・コーナーが設置されていた。これは，マイノリティの児童・ヤングアダルトだけでなく若い世代全般を図書館に引き付けるやり方として認知されているようだ[5]。

8. 多言語対応

世界中の文字と記号をコンピュータ上で扱うことができるユニコードの使用を推奨している。日本の公共図書館で多言語データベースがうまく機能していない一つの原因として，図書館システムがユニコード対応でない場合がある。

9. マーケティング

第2版にはマーケティングという項目はない。今回新たに作られたが（6 多文化図書館サービスのマーケティング，広報および促進），公共図書館のためのガイドラインの基礎の上に，文化や言語に配慮した多文化サービス独自の指針を追加した形になっている。ニーズ分析をしていろいろなサービスを用意しても，それが利用者に伝わらなければ意味がない。特に文化的・言語的マイノリティに対しては，工夫が必要である。館内については，アクセスしやすい資料の配置，多言語のサイン，多言語の利用案内など，また館外に向けては，図書館サービスを宣伝するために，地元のエスニック・メディア（新聞，ラジオ，テレビ等）を利用することなどが挙がっている。

10.「多文化図書館宣言」との関係

IFLA多文化社会図書館サービス分科会が起草した「多文化図書館宣言」

は,「IFLA/UNESCO 多文化図書館宣言」として結実した。ガイドラインの随所にも引用されている。しかし宣言は,理念や原則を中心に書かれていて,実際にどうすればよいのかわからないという声をよく聞く。このガイドラインは,多文化コミュニティへの公正・公平な図書館サービスを展開しようとする図書館員を支援するものである。

最後に,ガイドラインの本文中に引用されている「IFLA/UNESCO 多文化図書館宣言」は,ガイドライン 3 版が完成したときはまだ UNESCO 総会で承認されていなかったため,「IFLA 多文化図書館宣言」となっているが,今回の翻訳に関しては,あえて訂正せずにそのままとした。

平田泰子(IFLA 多文化社会図書館サービス分科会常任委員　2003 − 2011)

注

1) このガイドラインは第 1 版に対応している。日本語訳は,『理想の公共図書館サービスのために:IFLA/UNESCO ガイドライン』(山本順一訳,日本図書館協会,2003 年刊)である。2010 年に第 2 版改訂版が出されたが,日本語訳はまだ出版されていない。本文中の引用は,日本語版を使用した。
2) 『多文化社コミュニティ:図書館サービスのためのガイドライン』第 2 版,深井耀子,田口瑛子編訳。初版から第 2 版への改訂の経緯・相違点などについては,p.53-56 を参照。
3) URL が併記されており,アクセスして詳細を知ることができる。
4) UNESCO への申請フォームには,「民族的と言語的とは重なり合う概念ではない。『民族』という言葉の使用と引用は何であれ避けることを薦める。なぜなら,その意味と適用は示されるその言葉からかけ離れているからである。UNESCO の公式文書において,文化的多様性に言及する際,その言葉『民族』は(たまたまではなく)使用されていないことに注意してください」とある(キルステン・レス・ニールセン氏からの情報)。
5) アメリカ図書館協会は 2008 年から毎年,図書館でオンラインゲームやボードゲームをする日として National Gaming Day を設定し,後援している。

あとがき

　2009 年にガイドライン第 3 版が，分科会常任委員会で確定してから，ただちに日本語訳に取りかかった。当初，小林卓・高橋隆一郎・平田泰子の 3 人で分担して訳文を作成し，深井・田口氏が翻訳された第 2 版を参考にしながら，検討を重ねた。完成した第一次の翻訳原稿は，日本図書館協会多文化サービス委員会のメンバーに検討をお願いし，多くの貴重なアドバイスを受けた。その後何度かの修正と協議を経たのち，全体を通して平田が用語や文章の調整を行い，今回日本語版が日の目を見ることになった。

　解説にも述べたように，今回のガイドラインはかなり大部で内容も細部にわたっており，翻訳に大変時間がかかった。また，新しい情報通信技術や各国のさまざまな事情を反映しているため，日本の読者に現時点では直ちに参考にならない部分があるかもしれない。しかし，サービス対象であるコミュニティの状況やニーズを踏まえて，今後の多文化サービスを進めるヒントにしていただければ幸いである。

　ガイドラインは，"The Public Library Service: IFLA/UNESCO Guidelines for Development, 2001" の構成に準拠して書かれており，また文中でもたびたび引用されている。山本順一氏の日本語訳がすでに出版されているため，引用箇所については，同書を使用させていただいた。

　また，ガイドラインには多くのウェブサイトが紹介されている。原稿を日本図書館協会に送付する際，すべての URL にアクセスし有効かどうかを確認したが，現在も可能かどうかは不明である。もしアクセスできない場合は，ご容赦願いたい。

　最後にこのガイドライン作成と出版にあたってご尽力くださった方々に深く感謝を申し上げます。

平田　泰子

索引

【アルファベット順】

DVD　28-29
Dial-a-Story（トロント公共図書館）　45
English Can Be Fun（トロント公共図書館）　45
Mylanguage（オーストラリア）　36, 54-55
Netnieuws（オランダ）　48
NewsConnect（トロント公共図書館）　45
OPAC　33
RSS（Really Simple Syndication）　24
SMS（Short Message Service）　24
Taal Centraal（オランダ）　48
VoIP（Voice over Internet Protocol）　25
Web フィード　24
Welcome to your library　50-52

【五十音順】

[あ行]
アグリゲータ　24
ヴィジブル・マイノリティ　44
ウェブコンテンツ　23
エクステンション活動　40
エスニックメディア　41
オークランド市立図書館　35
オーストラリア国立図書館　35
オーディオブック（コペンハーゲン公共図書館）　46
オンラインコミュニケーション　24-25

[か行]
学習センター　11-12
仮想キーボード　34, 45
カナダ国立図書館・文書館　35
協力ネットワーク　16
クイーンズランド州立図書館　35
国際的に優れた実践例　→　ベスト・プラクティス
コペンハーゲン公共図書館　46-47
コミュニティ分析　9, 18-19
コレクション構築基準　30
コレクションの集中化　→　集中化

[さ行]
サインシステム　41
識字（オランダ）　47-48
資源共有　21-22
社会的包摂　21, 49
集中化（コレクション）　16, 22
集中化（目録作成）　22
情報センター　12

職員構成　38
書誌コントロール　30-31
新規受け入れ率　32-33
ストックホルム国際図書館　31
ストーリーテリングサービス（トロント公共図書館）　45
生活に関する情報（ウェブサイト）　36
総合目録　31
ソーシャルアノテーション　24
ソーシャル・インクルージョン　→　社会的包摂
ソーシャルコンテンツ　23
ソーシャルネットワーキング　23
ソーシャルブックマーク　24

[た行]
タギング　24
多言語ウェブページ（図書館の）　35
多言語仕様　34
多言語・多文化資源へのアクセス　22-23
多言語・多文化資源の管理方針　26-27
多言語・多文化資源の範囲　27-29
多言語電子データベース　34
多言語用語集　41, 55
多文化主義（カナダ）　43-44
多文化図書館の運営　16-17
多文化図書館の原則　8-9
多文化図書館の定義　10-11
多文化図書館の役割と目的　11-14
多文化の懸橋（クイーンズランド州立図書館）　35

テキストメッセージング　24
デジタルメディア　28, 29
電子資源　22-25
デンマーク図書館センター　35
統合（オランダ）　48
統合（ノルウェー）　49
図書館のウェブページ　→　多言語ウェブページ
トロント公共図書館　44-45

[な行]
難民コミュニティ（支援プログラム）　→　Welcome to your library
二言語絵本（コペンハーゲン公共図書館）　46
ニーズ評価　9, 18-20
ニューサウスウェールズ州立図書館　41

[は行]
ピクチャー・オーストラリア（オーストラリア国立図書館）　35
文化センター　12
ベスト・プラクティス（アメリカ合衆国）　53-54
ベスト・プラクティス（英国）　50-52
ベスト・プラクティス（エストニア）　47
ベスト・プラクティス（オーストラリア）　54-55
ベスト・プラクティス（オランダ）　47-48

ベスト・プラクティス（カナダ）　43-45

ベスト・プラクティス（スペイン）　49-50

ベスト・プラクティス（デンマーク）　45-47

ベスト・プラクティス（ノルウェー）　49

ヘルシンキ市立図書館　35

包括的市民権　43

ポッドキャスト　25

翻字　31

[ま・や・ら行]

マーケティング　40-42

目録作成の集中化　→　集中化

ユーザー主導型ソーシャルコンテンツ　24

ユニコード　25, 30

ライブラリー・スクール　38

レナ決議　11

多文化コミュニティ
―図書館サービスのためのガイドライン　(第3版)

2012 年 3 月 20 日　初版第 1 刷発行Ⓒ

編　　者：国際図書館連盟多文化社会図書館サービス分科会
翻訳・解説者：社団法人　日本図書館協会多文化サービス委員会
発 行 者：社団法人　日本図書館協会
　　　　　〒104-0033　東京都中央区新川 1-11-14
　　　　　Tel 03-3523-0811㈹　Fax 03-3523-0841
印刷所：㈲吉田製本工房　㈲マーリンクレイン
JLA201130　　Printed in Japan
ISBN978-4-8204-1118-5
本文用紙は中性紙を使用しています。
※翻訳・刊行については国際図書館連盟（IFLA）の許諾を得ています。